왜
저 사람은
나보다
잘 팔까?

왜 저 사람은 나보다 잘 팔까?

발행일	2019년 8월 19일

지은이	오형원		
펴낸이	손형국		
펴낸곳	(주)북랩		
편집인	선일영	편집	오경진, 강대건, 최예은, 최승헌, 김경무
디자인	이현수, 김민하, 한수희, 김윤주, 허지혜	제작	박기성, 황동현, 구성우, 장홍석
마케팅	김회란, 박진관, 조하라, 장은별		
출판등록	2004. 12. 1(제2012-000051호)		
주소	서울시 금천구 가산디지털 1로 168, 우림라이온스밸리 B동 B113, 114호		
홈페이지	www.book.co.kr		
전화번호	(02)2026-5777	팩스	(02)2026-5747

ISBN	979-11-6299-828-1 03320 (종이책)	979-11-6299-829-8 05320 (전자책)	

이 도서의 국립중앙도서관 출판예정도서목록(CIP)은 서지정보유통지원시스템 홈페이지(http://seoji.nl.go.kr)와
국가자료공동목록시스템(http://www.nl.go.kr/kolisnet)에서 이용하실 수 있습니다.
(CIP제어번호: CIP2019031316)

똑같은 걸 팔아도
10배의 수익을 내는 가게의 비밀

왜
저 사람은
나보다
잘 팔까?

오형원 지음

가마솥처럼 펄펄 끓는 열정이 답이다!

북랩 **book** Lab

_____ 님께 드립니다.

성공을 갈망하는 당신께 위대한 일상의 행복을 선물하며

요즘 외식업을 비롯한 자영업의 현실은 불경기에 최저임금 인상 문제까지 겹쳐 설상가상이다.

하루에 창업 3천 개, 폐업 2천 개가 이루어지는 현장에 새로운 희망과 도전의 씨앗을 뿌리고자 한다. 지금까지 살아오면서 새로운 시작을 위해 준비한 시간을 생각해야 한다. 창업은 만만치 않은 투자비만큼 준비 시간과 기획이 절대적으로 필요하다. 쉽게 얻는 것은 쉽게 잃는다. 통계상의 자료와 어울리지 않는 당신만의 특별한 비책이 있어야 한다. 트렌디한 아이템이나 최고의 핫 플레이스 상권은 그 다음 문제다. 당신의 확고한 철학이 궁극적인 솔루션이다. 유행이나 세월, 환경에 흔들리지 않고 슬기롭게 대처할 수 있는 핵심 가치이자 본질을 말한다.

흔히들 시간, 사람, 돈, 환경 등을 성공의 변수라 한다. 성공이 절박

할수록 시간에 비중을 더 두어야 한다. 시간의 가르침은 어긋나거나 역행하지 않는다. 공간과 환경에 갈수록 편중되는 영상 미디어에 숨어 있는 시간의 메시지를 읽어야 한다. 삶의 지혜와 진리, 철학 등 모두 시간의 검증 속에 이어진 역사이다. 역사의 주인공은 시간의 배를 타고 항해하고 있다. 음식 준비 시간, 새로운 하루를 준비하는 시간, 가족과 함께하는 시간 등 일상의 가치를 좌우하는 시간에서 배우고 깨달아야 한다. 시간에 몰입하면 오래갈 수 있는 사업성과 상품성이 엿보인다.

지금 고개를 들고 당신 앞을 한번 바라보자!

머나먼 실리콘밸리나 유서 깊은 국내외 맛집에 솔로몬의 지혜가 몰려 있지 않다. 지금 당신 앞에 스쳐 가는 가게와 사람들 모습 사이에 집요함과 진정성을 요하는 가치가 숨어 있다. 성공과 행복의 실마리는 가까운 모든 현장에 내재되어 있다. 끄집어내서 다른 사람들에게 특별하고 유익한 가치로 승화시키면 대박이 되는 것이다. 대전제는 당신부터 특별해지는 것이다. 값비싼 수입차에 화려한 명품으로 치장하는 가치보다 더 고귀하고 본질적인 당신을 찾고 다듬어야 한다.

행복은 내가 느끼는 것이고 성공은 남이 알려 주는 것이다. 성공보다 행복을 생각하면 성공이 더 빨리 구체화된다. 지금 당신 앞을 행복으로 장식하면 성공은 당신 뒤에 점점 더 가까워진다.

이 책에서는 자영업을 준비하는 사람이나 하고 있는 사람에게 필요한 전략을 두 가지 방향으로 접근했다.

첫 번째, 되도록이면 쉽게 접할 수 있는 소재를 찾으려고 했다. 방송에 소개된 맛집이나 알기 쉽게 구성된 책자, 트렌디한 정보 등을 참고해서 벤치마킹할 성공 요인과 차별화 전략을 제시했다. 국내 가게의 경우는 대부분 직접 찾아가 체험한 생생한 스토리를 담으려 했다. 또 개인적인 일상의 경험을 토대로 현장에 반영할 수 있는 지혜와 디테일을 제시했다.

두 번째, 시중에 넘쳐나는 자영업의 솔루션을 존중하고 연결, 융합할 수 있는 궁극적인 통찰력을 강조했다. 하나하나의 문제점에 대한 해결책은 이미 알고 있거나 시장에서 쉽게 얻을 수 있다. 그런데 문제는 문제로 또다시 되풀이된다. 근본적인 해결책보다 임시방편이나 근시안적인 처방에 익숙하기 때문이다.

알고 있는 것과 '하고 있는 것'의 차이가 **경쟁력**이다. 하고 있는 것도 습관화와 업그레이드가 필수다. 그리고 생존의 지름길은 공존이다. 공존 역량이 성공의 핵심 경쟁력이다. 독창적인 공존 습관 실행 방안을 제시했다.

정답이 없는 세상이기에 나만의 철학이 더욱 절실하다는 것을 다시한 번 강조한다. 내 생각 없이 남의 생각을 보거나 평가하는 것은 낭비다. 부족하더라도 내 생각과 정체성을 명확히 해야 한다. 답은 현장에 있고 질문은 옆집에 많다. 바쁠수록 문제가 많이 보이고 안 바쁘면 문제도 답도 안 보인다.

그동안 많은 분들께 배우고 깨달은 인생철학과 장사의 솔루션을 자영업의 위기와 시련을 극복하는 데 도움이 되고자 조심스럽지만 강렬하게 제안한다.

이 모든 진정성과 삶의 지혜를 두 손 모아 한없이 예쁘고 사랑스러운 늦둥이 딸의 여섯 번째 생일 선물로 세상에 출간한다.

2019년 8월
오형원

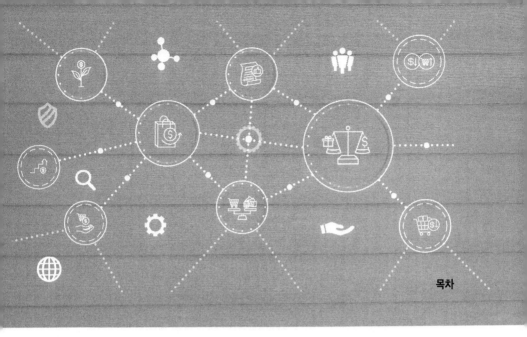

목차

PART 1 이유 없이 잘되는 가게는 없다

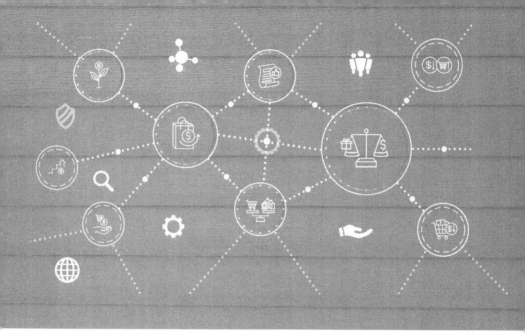

PART 2 쉬운 콘셉트와 편한 콘텐츠가 오래간다

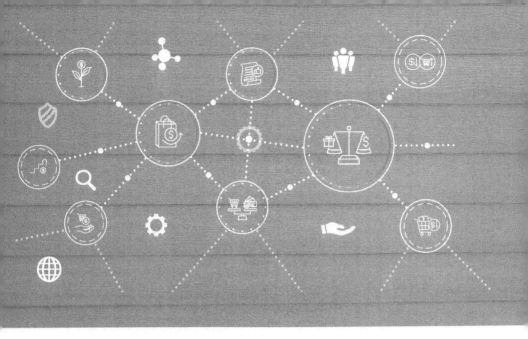

PART 3 한 번 가면 잊히지 않는 가게가 되는 7가지 법칙

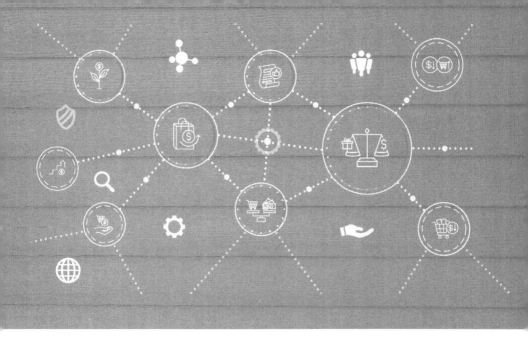

PART 4 똑같은 걸 팔아도 10배의 수익을 내는 가게의 비밀

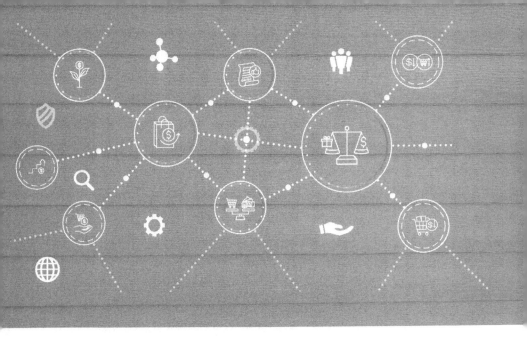

PART 5 베스트만 특별하게 남기고 과감하게 버려라

PART 1

이유 없이 잘되는
가게는 없다

오래가려면 오래 준비하라

"인간이 성장하려면 자신의 무지를 잘 알아야 한다. 하지만 쉴 새 없이 자신이 아는 모든 것을 사용해야 하는 처지에 자신이 무엇을 모르고 있는지 어떻게 알 수 있겠는가?" 미국의 사상가 헨리 데이비드 소로의 묵직한 한마디를 오랫동안 간직하고 싶다.

한밤중에 병원 응급실에 실려 온 가장(家長)은 기력이 없어 부축하는 아내의 눈을 쳐다볼 힘도 따뜻한 손을 움켜쥘 힘도 없어 보였다. 어제까지만 해도 멀쩡하게 출근하고 지방 출장 다녀오면서 예쁜 초등학생 딸이 좋아하는 삼송 옥수수 마약빵과 아내가 좋아하는 근대 골목 단팥빵을 사다 주기도 했다. 그런데 오늘 퇴근 후 집에서 갑자기 머리가 어지럽다며 심한 두통을 호소해서 앰뷸런스로 응급실까지 오게 되었다. 잠시 후 의사가 정밀 검사를 해 보자고 했다. 신속하게 환자를 병원으로 후송한 것이 천만다행이라면서. 결과는 놀랍게도 뇌졸중이 의심된다는 것이었다. 며칠간 입원 치료가 필요하다고 했다. 이제 나이 40대 중반인데 전혀 예측하지 못한 일이 벌어지고 말았다. 평소 운동이라고는 1만 보 걷기에 도전하는 게 다였고, 쉬는 날은 가족들과 나들이하기 바빴다. 회사에서 받는 스트레스와 불안한 인생, 걱정되는 가정 등이 결국 이런 결과를 낳고 말았다. 며칠 후 중년 가장은 회사를 그만두었다. 건강을 회복한 후 더 늦기 전에 새로운 창업에 도전하기로 했다. 그동안 아내는 제빵 학원에 다니며 딸이 좋아하는 빵 만드는 기술을 배웠고 자격증까지 땄다. 퇴원 후 가장은 아내와 함께 베이커리 사업을 본격적으로 알아보기 시작했다.

이 부부는 얼마나 준비해야 성공할 수 있을까? 우선 주력 메뉴, 프랜차이즈 여부, 가게 위치와 규모, 투자비 등 제반 요소를 꼼꼼히 확인할 것이다. 남은 인생의 모든 것을 걸고 도전하는 것이다. 회사 생활까지 과감히 접고 건강과 행복을 위해서 새 출발하는 것이다. 그러나 당장 생계를 유지해야 한다는 압박감 때문에 다급해진다.

이러한 새 출발의 준비 기간에 관한 놀라운 통계 자료가 있다. 최근 1년간(2018년 11월 기준) 사업을 시작한 자영업자 10명 중 9명은 준비 기간이 채 1년도 안 된다. 더 놀라운 것은 3개월 미만의 준비 기간 비율이 50%라는 사실이다. 또 신규 자영업자 중 60%가 임금 근로자 출신이다. 즉, 어제까지 월급 받던 사람이 불과 3개월 만에 사장님이 된 것이다. 이 중 20%만이 5년을 버텨 낸다.

청년들은 취업난으로 인해, 중년은 가정의 생계 때문에 불구덩이 같은 전쟁터에 주저 없이 뛰어든다. 강한 자가 살아남는 게 아니라 살아남는 자가 강한 자라는 생각으로 의욕과 열정을 불태운다. 상권, 시장 트렌드, 경쟁사 가격 등 나름대로 시장 조사를 하고 필요에 따라 전문가 밑에서 영업 노하우 전수 과정도 거친다. 투자비를 줄이기 위해 중고 재활용품 가게를 뒤져 가며 경영 마인드도 쌓아 간다. 땀나게 발로 뛰고 잠 못 이루고 설레는 나날이 거듭되면 급기야 내 가게의 주인으로 고객을 직접 맞이하게 된다.

백화점 식품 매장은 요즘 대표적인 핫 플레이스 중 하나이다. 국민소득 3만 불 시대에 맞춰 다양화된 개개인의 미각을 한껏 뽐내고 식탐을 만끽할 수 있는 최적의 공간이다. 글로벌 시대에 어울리는 세계 각국의 대표적인 음식과 젊은이들이 선호하는 자극적이고 화려한 음식까지 푸드토피아를 지향하고 있다. 규모에 따라 약간씩 차이가 있겠으나 한 점포당 30~60여 개 매장에서 식도락 여행을 즐길 수 있다. 백화점에 영업 중인 브랜드는 최신 이슈 상품이나 오래된 맛집, 전략적 콘텐츠, 스테디 셀러, 구색 상품 등으로 구성되어 있다. 대부분 어느 정도 검증이 이루어진 브랜드들이다. 그래서 더욱 치열하게 경쟁한다. 그만큼 고객의 수요는 다양해져 가고 있다. 그 수요까지 리드하는 역할도 수행한다. 이 중에서 특별한 경우를 제외하고 일정한 평가에 따라 브랜드가 바뀐다. 이것이 시장의 논리고 고객의 니즈이다.

많은 외식업 경험자들은 말한다. 취업은 10년 가까이 준비하면서 창업은 왜 그렇게 짧게 준비하느냐고. 훨씬 더 많은 시간과 노력을 기울여도 성공을 확신하기 어려운 것이 사업이라고 말한다. 또 3년을 준비하면 3년은 버틴다는 말도 있다. 세계적 불가사의 중 하나인 중국의 만리장성은 2천 년에 걸쳐 완성됐다. 학창 시절 공부하기 싫을 때 듣곤 했던 '엉덩이로 공부하라'는 말도 체험의 시간을 강조한다.

백화점에 20년 넘게 근무한 사람들이 퇴직하고 예외 없이 하는 말이 있다. 바깥세상은 밀림 속의 정글이고 백화점은 온실 속의 화초라고. 실제 뭔가를 새롭게 창업할 생각으로 덤볐다가 하나부터 열까지 완벽하게 알지 못하면 쉽게 결정하기 어렵다고 한다. 시장과 사업은 정적인 것이 아닌 동적인 유기체이다. 그래서 외줄 타기 하는 고수처럼 그 흐름을 정확히 알고 익숙해지기 전까지는 어려운 게 사업이다.

사업은 예술이나 스포츠처럼 경력이 쌓이면 안목이나 실력이 늘게 된다. 경력은 경험의 실력이다. 직접 몸으로 부대끼면서 느끼는 살아 있는 현장 체험이다. 제빵사나 바리스타 자격증을 획득한 것은 기본 소양일 뿐이다. 운전면허증 획득이 전국 각지를 돌아다닐 수 있게 길을 터준 것이지 안전을 보장해준 것은 아니다. 외줄 타기 고수 김대균은 땅줄부터 처음 무대에 서는 데까지 3년이 걸렸다고 한다. 그가 지금까지 40년간 외줄 타기의 맥을 잇고 있는 이유가 무엇일까? 우리나라의 고유문화를 계승·발전시켜 한층 더 높은 예술미를 발현하여 전

세계에 귀감이 되고자 하는 사명감이 있었을 것이다. 단순히 한 개인의 영달을 위하거나 몇몇 사람들의 기쁨이나 오락을 향유하는 수준이었다면 여기까지 오기 어려웠을 것이다. 외줄 타기가 상징하는 그 한 가지에 모든 것을 집중해야만 예술의 진수를 보여 줄 수 있다.

또한 일본 긴자의 오노 지로(1925~)라는 초밥의 장인은 70년 가까이 똑같은 길을 걸어오고 있다. 불과 10석의 가게를 찾아온 예약 손님에게 정성을 다하는 것만 고집하는 장인이다. 가게 확장도 리뉴얼도 관심 없다. 오로지 자신에 대한 믿음을 저버리지 않는 데 몰두한다.[1]

벼는 익을수록 고개를 숙인다. 알면 알수록 겸손해지는 것이 고수들이다. 사업은 장사이다. 자신을 사고파는 것이다. 가장 오래된 상거래는 물물교환일 것이다. 이것의 기반은 신용이다. 신용을 배우고 기술을 배우면 앞길은 저절로 열린다. 오랜 준비의 기준은 당신의 신용이다. 3개월 준비와 3년 준비의 신용 차이는 주변 투자자들에게 물어보면 바로 알게 된다. 뇌졸중으로 쓰러진 중년 가장의 사업 계획은 신용 그루터기에서 비롯되어야 한다. 사람과 물건의 흐름에서 이루어지는 신용을 배워야 오래갈 수 있다. 사업은 기술과 자본을 확보하는 시간보다 신용을 쌓아 가는 시간이 중요하다. 신용은 속도보다 깊이에서 나온다. 실패가 성장 촉진제가 되는 이유도 뿌리가 기술이나 자본이 아닌 신용이기 때문이다. 신용은 시장과 고객이 정확히 평가한다. 사업의 연속성은 흐르는 강물과 같다. 결코 머물지 말고 시장의 흐름에 그루브를 타라. 시장의 흐름은 돈의 흐름이고 돈은 신용에 박자를 맞춘다.

준비에도 기획이 필요하다

전대미문의 살아 있는 전설이 되어 가고 있는 BTS이다. 연작 앨범 시리즈로 성장 과정을 스토리텔링하는 아이돌 그룹이라는 점은 전무후무하다. 탁월한 기획력의 BTS는 비틀즈와 어깨를 나란히 할 만큼 세계적인 뮤지션이다.

기획은 어떤 목적을 계획하고 실행에 옮기며 디자인하는 것이다. BTS와 비즈니스는 유사한 점이 많다. 단계별로 수행하는 성과와 약속을 지켜 가는 신뢰가 함께 일궈 나가는 재미와 기대를 증폭시키는 효과를 내고 있다. 통상 사업 계획은 무엇으로 얼마의 수익을 창출하기 위해 어디에 어떻게 얼마를 투자하느냐로 압축할 수 있다. 예상 사업성이 좋고 나쁨에 따라 시기와 규모, 세부 추진 방법이 세워질 것이다. '무엇으로'란, 예전에는 대부분 칼국수, 부대찌개, 커피, 햄버거, 베이커리 등 주메뉴를 결정하는 것이었다. BTS의 앨범 타이틀곡을 정하는 것과 비슷하다. BTS는 고전문학 『데미안』과 연결시켜 청년들에게 자신을 찾으라는 메시지를 음악으로 전달했다. 이처럼 새로운 기획은 콘셉트와 콘텐츠를 명확화, 차별화해야 한다. 일련의 과정은 스토리텔링으로 구체화된다.

일본의 츠타야 서점이 한창 이슈가 되었다. 기존 장르별로 책을 진열해서 판매하는 서점의 콘셉트를 깨고 변신했다. 라이프 스타일 제안형으로 새롭게 탈바꿈하면서 휴식을 겸하는 복합 카페 공간으로 즐거움을 기획했다. 온라인의 위기에서 몸부림치는 오프라인 서점의 신의 한 수라 할 만큼 엄청난 신드롬을 일으켰다. 결국 우리나라 서점가까지 영향을 미칠 정도이다. 식당에 가면 밥 먹고, 커피숍 가면 커피 마시는 단순한 전통적인 관념에서는 다양성과 다목적이라는 시대 흐름을 수용하지 못한다. 개인화, 융복합은 모든 것이 특별하게 다루어질 것을 요구하고 있다. 유연한 사고와 더불어 복합적인 매장 구조의 필요성도 크다. 브런치 매장, 짬짜면, 공유 주방 등이 비슷한 사례들이다.

오프라인의 치명적 문제점은 하드웨어에 있다. 영세한 자영업자의 경우는 더욱 그러하다. 기본적인 매장 레이아웃이나 동선, 주방 등은 한 번 세팅하면 비용 문제 때문에 수정·보완이 쉽지 않다. BTS의 경우처럼 단계별 성과 창출에 따른 확장을 도모할 수 있다면 수정·보완이 자연스럽게 이루어질 수 있다. 그러나, 츠타야 서점처럼 환골탈태 수준의 변화를 꾀하려면 기획의 리스크는 적지 않다. 5G급 초스피드 시대에 보조를 맞추려면 꾸준한 하드웨어 업그레이드가 불가피하다. 소규모 자영업자는 여러 가지 제약을 극복하기 위한 묘책을 찾아야 한다. 디지털과 아날로그의 적절한 배합 및 소프트웨어 차별화에 역점을 두고 기획할 수밖에 없다.

지금까지 자라면서 대다수의 사람들이 가장 많이 경험한 것은 시험일 것이다. 시험의 역사라 해도 과언이 아닐 인생이다. 초등학교부터 대학교까지 16년 정규 과정에 취업 준비하면서 시험을 치른다. 또 사회생활 하면서 각종 승진 시험, 자격증 시험 등을 보게 되니 평생 시험의 연속이다. 다양한 시험 종류만큼 방식도 객관식, 주관식, 실기, 필기, 논술, 면접 등 가지각색이다. 시험 횟수는 말할 것도 없이 천양지차일 것이다. 수많은 시험을 준비하면서 계획을 짜게 된다. 디데이(D-Day) 기준 언제까지 무엇을 할 것인지를 정하고 합격 또는 소정의 목표를 달성하려고 노력한다. 이러한 목표 달성을 위한 전략을 수립하고 세부 일정과 투입 자원을 결정한다. 자신의 의지와 열정, 그리고 노력만큼 성과를 낼 수 있는 것이 시험이다. 사업은 좀 다르다. 정답을 맞히는 시험과 달리 그때마다 해답을 찾아서 실행해야 한다. 흥미로운 것은 문제를 내고 해답을 맞히는 사람이 자기 자신이라는 것이다. 다시 말해서 스스로 문제를 찾고 내지 않으면 해답을 찾을 일은 생기지 않는다. 즉, 문제를 찾는 것부터 기획이다.

시험 준비를 하면서 기출 문제가 주로 어디서 많이 나온다는 것은 꼭 체크한다. 최소한 그 정도만 해도 기본 점수는 받을 수 있기 때문이다. 그밖에 변별력이 작용하는 문제는 풀기 어렵고 설마 했던 기본적인 곳에서 나오는 경우도 많다. 여기서 결정해야 된다. 매출과 수익 목표를 어느 정도로 설정할 것인가. 그에 따른 주요 수입원은 어떻게 설정할 것인가. 평균 90점을 받기 위해 국어, 영어는 만점에 도전하고 수학은 기본만 노력하는 계획을 말한다. 정답이 아닌 해답을 찾는 사업은 스스로 노력하는 건 당연하고 외부 변수에 대해 주도적으로 대응해야 한다. 주변 경쟁자와의 공존 전략과 차별화 전략을 병행해야 한다. 지저분하고 복잡한 곳에 문제가 있고 답도 있다. 스스로 모의고사를 자주 치른다는 자세로 섹션별로 디테일하게 문제를 찾아야 한다. 그 문제에 대한 해답이 곧 당신의 등급이다. 1차원적인 응답인지, 플러스 알파를 가미한 고차 방정식을 적용한 답을 실행할 것인지는 당신의 몫이다. 비용, 환경, 자신의 상황 등 고려해야 하는 제반 여건들에 대해 고객은 전혀 관심이 없다는 사실을 잊지 말아야 한다. 당신의 등급은 가게의 격이 된다. 창업 준비와 사업 시작 후 또 다른 준비가 연결되면 BTS처럼 스토리텔링으로 차별화할 수 있다.

츠타야 서점의 라이프 스타일 제안 콘셉트에 대한 고객의 반응은 대단했다. 책을 부담 없이 무료로 편안하게 볼 수 있을 뿐 아니라 유명 브랜드 커피도 함께 즐길 수 있다. 우리나라는 캐주얼 다이닝과 디저트 카페 등을 겸한 복합 콘셉트로 진화하고 있다. 최근 친환경 트렌드에 힘입어 식물원 카페도 인기가 높다. 자연 친화적인 라이프 스타일을 제안하는 콘셉트에 여유 있는 공간, 휴식과 디저트를 함께 즐길 수 있다. 이러한 복합 공간에 새로운 가치를 제안하는 기획은 원 플러스 원이 아니라 무한한 개성과 자유를 만끽하는 즐거움을 제공하고 있다.

가치 중심의 기획은 자영업자의 경우도 중요하다. 문제와 해답 사이의 연결 고리가 가치다. 정답이 없는 문제에 대해 다양한 고객 니즈를 포괄적으로 담아 낼 수 있는 가치는 기획의 핵심이다. 게다가 요즘 온라인 홈페이지를 운영하게 되면 기업의 이념, 가치를 상세히 홍보할 수 있기에 더욱 적극적으로 준비할 필요가 있다. 가치를 활성화하면 자연스럽게 품격과 풍요로움이 느껴진다. 가치의 최댓값은 무한대이기 때문이다.

기획은 계획, 실행, 평가라는 일련의 과정을 거친다. 어렸을 때부터 수많은 시험을 치르면서 '맞다', '틀리다' 또는 '합격', '불합격' 등 단편적인 평가 결과를 받았다. 과정상의 평가 결과는 거의 관심 밖이다. 오로지 최종 결과에만 얽매이다 보니 실패를 성공의 어머니로 만드는 데 익숙지 않다. 사업은 예기치 못한 변수들이 시험 문제의 몇 배 이상으로 도처에 내재하고 있다. 실패를 기꺼이 감수하는 도전 정신과 실패를 통해 얻을 수 있는 값지고 살아 있는 교훈들을 수용하는 경험이 부족하다. 그래서 정답이 없는 사업에서 실패를 실패로 못 느끼고 지나치는 큰 과오를 범하게 된다. 인풋(Input)의 변화를 주기 위한 아웃풋(Output)의 분석이 어려운 이유다.

빅데이터나 CRM(Customer Relationship Management) 등 훌륭한 시스템을 구비하고 있지만 그 활용도는 낮은 편이다. 준비할 때 기획을 고객 지향 중심이 아닌 수익 극대화 중심으로 해 왔고, 틀린 경험의 상처만 있지 교훈이 드물기 때문이다. 더 심각한 문제는 학창 시절 시험의 썩 좋지 못한 경험들로 인해 사회생활에서 자신을 굳이 시험하려 들지 않는다는 것이다. 즉, 자발적인 도전 정신이 미약하다. 따라서, 결과물을 보는 관점도 상당히 냉소적이고 진취적이지 못하다. 사업에서는 고객 한 명, 한 명이 질문의 요체이자 해답의 실마리다.

다시 말하겠다. 고객은 결코 질문도 힌트도 쉽게 주지 않는다. 끊임없이 변화하는 고객의 라이프 스타일을 알고 싶다면 고객과 친해지는 게 선결 과제다. 자주 만나고 얘기해야 한다. 그래서, 무료 제공은 늘 수밖에 없다. 더 머물러야 더 많이 깊은 얘기를 나눌 수 있기 때문이다. 이제는 인풋에서 아웃풋까지의 관계보다 아웃풋의 새로운 인풋과의 관계에서 해법을 찾지 않으면 안 된다. 새로운 기획의 출발은 평가와 분석에 있다.

왕초보처럼 경험하고 준비하라

운전 중에 간혹 볼 수 있는 '왕초보' 안내문이 있다. 운전이 아직 서투르다는 자기표현으로 상대방에 대한 배려이자 자기 보호 방법이라 할 수 있다. 그런데 '낯선이'² 안내문은 아직 본 적이 없다. 여행이나 이사 등으로 어느 지역에 처음 와서 길이나 지역 정보를 잘 모르는 사람을 일컫는다. 이방인, 외지인이라고도 한다. 인터넷이 발달되어 길 안내와 지역 정보에 관해 부족함이 없을 것이라 생각할 수도 있다.

왕초보는 길이나 정보는 잘 알 수 있지만 운전이 서투를 뿐이다. 낯선이는 운전은 잘할 수도 있지만 길이나 정보는 정확히 모른다. 적극적인 자기표현을 하고 있는 왕초보는 소극적인 낯선이보다 원하는 목적지에 빨리 도착할 것이다. 인생은 속도보다 방향이 중요하기 때문이다. 또한 부족함을 부끄러워하지 않는 솔직한 자세로 주변의 도움도 많이 받을 수 있을 것이다.

당신은 왕초보인가, 낯선이인가?

기존 경력에 얹어 가려는 낯선이는 고수에 견주기 어려울 뿐만 아니라 함께 어우러지기도 쉽지 않다. 기존 경력은 갑옷(甲衣)이다. 왕초보가 맨주먹으로 비상 깜빡이 하나에 의지하는 배짱과 용기, 즉 을기(乙氣)가 창업 자격이다.

국물 장사는 육수 만드는 방법이 절대적이다. 그 때문에 육수 고수들에게 비법을 전수받기 위해 밑바닥 청소, 설거지부터 배운다. 한 분야의 장인이라 할 만한 사람들은 자신이 배운 것처럼 배우려 하는 사람한테만 비법을 전수한다. 특히, 몇 마디만 나눠 봐도 그 사람의 그릇을 알 수 있기에 가식으로 다가간 사람들은 퇴짜 맞기 일쑤다. 스승과 제자의 관계는 쉽게 형성되기 어려운 게 사실이다. 그래서, 프랜차이즈를 선호하는 사람이 늘게 된다. 간단한 조리법과 매장 운영 시스템 등 기본 매뉴얼만 숙지하면 쉽게 창업할 수 있으니 왕초보에게 매력적일 수밖에 없다. 대신 깊이와 자기만의 철학이 부족하기 마련이다. 스승을 찾기 위해 삼고초려를 못할지언정 배움과 경험의 가치를 경시하면 안 된다. 장사는 잘될 때도 있고 안 될 때도 있다. 고수는 위기관리 능력이 남다르다. 그래서, 빅 리그 출신 경험 많은 베테랑급이 팀의 주장을 맡고 높은 평가를 받는 것이다.

왕초보는 처음 일을 접한 곳이 어디이고 누구와 함께하느냐가 매우 중요하다. 이름 있는 고수는 아닐지라도 최소한 정직과 기본 상도의는 지켜지는 곳에서 배워야 한다. 세 살 버릇 여든까지 간다는 속담이 그대로 적용되는 경우가 많기 때문이다. 특히, 안 좋은 습관은 쉽게 배우고 오래간다.

15년 전 L백화점 본점 식품 팀 과장으로 근무하면서 실질적인 식품 경험을 시작했다. 지하 1층 약 2천여 평 매장을 운영·관리했다. 국내 최고의 백화점 위상을 강화하기 위해 매장 리뉴얼 공사를 진행하면서 임시 매장 운영을 병행하는 기간이 거의 1년 넘게 계속되었다. 기존에 영업하다가 퇴점하는 브랜드와 새로이 입점하는 브랜드 공사를 겸하기 때문에 상당히 어수선하고 불편할 수 있는 시간이었다. 완전히 공사가 종료될 때까지는 영업 중인 직원들도 불편을 감수하고 고객에게 양해를 구할 수밖에 없는 상황이다. 그런데, 한 가지 철칙이 있었다. 공사장을 포함한 주변 매장이나 후방 통로는 여느 정상 매장과 똑같이 완벽하게 연출되고 위생 청결의 오점도 있어서는 안 되었다. 새롭게 진행되는 공사 못지않게 임시로 운영되는 공간에 대해 완벽한 관리가 요구되었다. '대한민국 쇼핑 1번지'라는 위상에 어긋나지 않기 위해서이다. 놀라운 것은 나이가 적고 많음에 상관없이 매장 직원들 모두가 힘들었지만 모두 진정한 프로 정신으로 혼연일체가 되었다는 것이다. 스스로 지키는 품격은 자긍심을 북돋운다는 것을 깨달았다.

왕초보가 처음 경험하는 장소가 중요한 이유가 바로 이것이다. 나는 최고를 지향하는 사람들의 면면을 보면서 1등의 고충을 이해하게 되었고, 기본과 정석을 그 무엇보다 중요시했다. 평안한 고객의 쇼핑을 위해서 더욱 흐트러짐 없는 매장을 유지해야 했다. 왕초보는 새로운 것을 깊이와 레벨이 최고인 장소에서 배우기를 권한다. 당신의 눈높이와 관리 지표가 형성된다. 류현진과 손흥민이 왜 미국 메이저리그, 영국 프리미어리그에서 뛰고 있는지 생각해 보라. 배우고 느끼면서 깨달은 바를 사업 준비에 반영하면 된다. 구체적인 준비 계획은 미리 세우기보다 경험하면서 준비하는 것이 바람직할 것이다. 사서 고생해야 할 시기는 바로 이때이다.

군대 가기 전 휴학 기간 중 전국을 돌아다니며 학습지 방문 판매를 3개월 정도 했다. 새벽 4시경에 일어나 간단히 씻고 숙소에서 나와 봉고차에 올라타면 여명의 새벽 공기가 정말 상쾌했다. 일주일 단위로 지역을 옮겨 가며 전국을 누볐다. 이른 새벽에 논밭에 일하러 나가시는 어르신, 부랴부랴 아침 먹고 등굣길을 재촉하는 학생들, 육성회비 문제로 아침부터 눈물바다가 된 힘겨운 가정, 어마 무시한 덩치에 무섭게 짖어 대는 맹견 등 천태만상을 겪었다. 전혀 일면식도 없는 가정을 이른 아침부터 방문하면 그 분위기에 적응하는 것이 가장 급선무다. 내가 누구인지 밝히기보다 먼저 바쁜 아침에 방문 가정의 식구가 한 명 늘어난 것처럼 역할을 해야 했다. 방 청소하기, 책가방 챙겨 주기, 모내기, 같이 밥 먹기 등 할 수 있는 것은 다 한다. 물론 문전박대

당하는 경우도 꽤 있었고 뺨도 맞았지만 충분히 있을 수 있는 일이다.

　순박한 시골 사람들에게 애들 공부 때문에 왔다고 했을 때 절반 정도는 들어나 보자는 반응이었다. 힘든 부모님 앞에서 아이들이 반성하고 각오의 눈물을 훔치게 할 정도로 진정성을 보여야 한다는 것이 쉽지 않았다. 그렇게 성공하고 나면 학습지 구독을 받아 냈다는 것보다 나 자신을 믿어 줬다는 성취감이 컸다. 세일즈의 매력을 느끼게 되었다. 누군가를 설득한다는 것은 당당한 자신의 진정성에서 비롯된다는 것을 배웠다. 왕초보 알바로서 세상을 처음으로 경험하게 된 것이다. 주저하거나 망설이지 말고 더 넓은 세상을 경험해 볼 필요가 있다. 가게에서 고객을 기다리는 인내심을 키우려면 직접 고객을 찾아다녀 볼 필요가 있는 것이다. 왕초보에게 열린 길은 엄청 넓은데 경력자에게 열린 길은 좁기 마련이다. 충분한 경험은 불가능하지만 충분한 기회는 많다. 자신을 더 내려놓고 바닥에서 바라본 세상을 그릇에 담아 내야 한다. 왕초보가 될 준비부터 시작해야 한다. 헤딩은 맨땅에 하는 것이다.

　서울 중심가 한복판과 전국 오지를 경험하면서 최고와 최선을 깊이 깨달았다. 결코 흔들려서는 안 되는 최고의 위신과 고수들의 투철한 프로 정신은 고객의 품격을 업그레이드했다. 시골 사람들의 풋풋한 인간애와 순수함에 아주 조금이라도 가식이나 거짓을 담지 않으려는 최선은 세상을 살아가는 이유이다. 사업은 사람을 상대하는 일이다. 불특정 다수 모두가 내 고객이 될 수 있는 것이다. 내가 원하는 사람만 고객으로 맞이하려면 100% 예약제 등 별도 시스템으로 제한된 영업을 해야 한다. 그렇지 않은 이상 세상 누가 와도 한결같은 응대를 해야 하고 각각의 개성을 존중하는 맞춤 서비스로 확대할 수 있어야 한다. 그래서 각계각층의 더 많은 사람들을 겪어 볼 필요가 있다. 사업 시작 전에 냉철하게 자신에게 맞는 업종을 찾을 수 있는 계기가 될 수 있다. 시행착오나 실패 확률을 줄일 수 있는 최고의 기회는 사업 준비 과정이다. 하나라도 더 팔기 위한 전략도 중요하지만 치명적인 실수 한 가지만 줄일 수 있다면 시간이나 비용 측면에서 엄청난 도움이 될 것이다.

그중 가장 중요한 것은 당신의 적성을 확인하는 것이다. 과연 외식업 취향인지 몸소 경험을 해 봐야 한다. 가정의 생계만 생각하지 말고 고령화 시대에 자신의 남은 인생을 걸고 함께할 수 있는 일인지 주도면밀히 확인해야 한다. 맛집을 찾아다니며 메뉴를 개발하고 맛을 향상시키고 차별화하는 게 1순위가 아니다. 장사할 자세와 마음가짐이 되어 있는지를 혼자 고민하고 판단하지 말고 직접 현장에서 부대껴 보라는 것이다. 가능하면 사계절을 경험해 봐야 한다. 계절마다 새로운 변수들이 많다. 제철 재료나 메뉴, 소비 패턴의 차이 등을 느끼면서 왕초보의 초심은 자리 잡아갈 것이다.

어렵게 계약하고 쉽게 오픈한다

요즘 상가마다 공실 천지다. 경기 불황을 실감한다. 핵심 상권도 예외가 아니고, 1층 공실도 적지 않고 건물 전체가 공실인 경우도 있다. 또 공실인가 했는데 금세 새로이 인테리어 공사를 진행하는 곳도 심심치 않게 본다. 우리나라 자영업자는 하루에 약 3천 명이 창업하고 약 2천 명이 폐업하고 있다. 다시 말해 하루 평균 약 5천 명이 뜨고 진다. 그나마 창업자가 폐업자보다 많은 것은 불경기에도 불구하고 도전 의식이 남아 있다고 볼 수 있는 것인가? 질곡의 삶을 거쳐 낭떠러지에 몰린 생존의 마지막 발악인지도 모르겠다. 그 마지막 발악도 하루 2천 명씩이나 고개를 떨구고 만다는 것이 정말 씁쓸하고 비애를 금할 수 없다. 중고 설비 업체는 철거한 집기 등을 적재할 창고가 모자랄 지경이라니 심각한 상황이다.

폐업한 사업장에서 철거한 집기나 비품 등은 대부분 버려진다. 이유는 하나의 세트 개념으로 사이즈나 기능을 맞췄기 때문이다. 즉, 자리를 이동하면 그대로 재활용이 어렵다는 것이다. 영세업자 입장에서는 기능적인 측면만 유지할 수 있어도 쉽게 버리지 않을 것이다. 디자인 측면에서 어울리지 않을 것 같아 버리는 경우도 많다. 이렇게 버려지는 비용 문제 때문에 공유 주방이 등장하게 된 것이다. 소규모 자영업자 기준 보통 2천만 원에서 4천만 원 정도의 주방 설비 비용이 발생되는데, 렌탈 형태의 공유 주방은 저렴한 비용으로 이를 대신할 수 있다. 법규와 운영상의 미비점만 보완되면 더 많이 성행할 것으로 보인다. 입지와 임대료, 초기 투자비 등을 절감할 수 있고 상권의 광역화도 가능하기 때문이다. 이처럼 버려지는 비용, 즉 효율이 요구되는 곳에 아이디어가 있다. 공유 주방을 활용하면 입지에 목 맬 필요가 줄고, 임대 면적 축소가 가능하고, 주방 설비 투자비가 절감된다. 물론 공유 주방 추가를 통해 상권의 광역화도 가능하다.

대다수의 창업을 준비하는 사람들은 상권 조사와 가게 입지 조건에 목숨을 건다. 유동 인구 수와 동선 흐름에 따라 성패가 갈릴 수 있기 때문이다. 그에 따라 보증금, 권리금, 임대료 차이가 심하다. 그래서 몇 날 며칠 동안 후보 상권에 가서 탐문 조사하고 시세를 확인한다. 임대 조건 흥정도 적극적으로 진행한다. 주변 부동산과 인접 상가들을 돌며 귀동냥해서 최대한 유리한 조건으로 주인과 운명의 담판을 치른다. 운명의 담판 승부는 주인 못지않게 그 상권과 가게에 대해 알고 있지 않으면 절대 불리하다. 사전에 그 상권의 적당한 가게에서 직원으로 체험해 보는 것이 최고일 것이다.

서울의 한 부부가 다니던 직장을 그만두고 커피숍 창업을 위해 후보 상권 2군데를 골라서 서로 사전 경험과 조사를 실시했다. 이 부부는 6개월 동안 상권별로 독립 매장과 가맹 매장에서 번갈아 가며 직원으로 근무했다. 독립과 가맹점의 장단점과 상권의 특성, 거주자 흐름까지 파악하고 최적의 장소를 선택했다. 직원으로 커피숍에 근무하면서 인근 계약 종료 예정 가게까지 알아내고 주인과 사전 교감을 통해 좋은 조건으로 계약했다. 임대인과 임차인의 계약 당사자 관계라기보다 이웃집 어른과 동생의 관계로 계약을 맺은 것이다. 직원으로 근무하면서 단골 고객도 확보했고 동네 주민들과도 많이 친해졌다. 6개월의 사전 경험이 가져온 유무형의 수확이 적지 않다.

6개월간 부부 두 사람이 계획한 것 이상으로 성과를 얻어 냈다. 서울 강북에 커피숍을 운영하고 있는 부부 이야기다. 사업을 하기로 마음먹고 부부 간에 의기투합하여 사전 체험을 통해 훌륭한 결과를 이루어 낸 사례이다. 현장에서 직접 주민들과 소통하면서 더 많은 정보를 습득하고 오피스 고객들을 위한 마케팅 계획까지 추진하게 됐다.

백화점 입점 브랜드는 충분한 검증과 차별화된 경쟁력이 필요하다. 아직까지는 주요 점포에 입점을 희망하는 브랜드들이 적지 않다. 입점을 위해 자기만의 포트폴리오를 만들고 다양한 스펙과 경험을 쌓고 있다. 입점 상담부터 품평회, 입점 점포와 매장 위치 선정, 거래 조건과 입점 일정 결정 등의 순서로 진행된다. 이 과정에서 백화점 영업 경험이 있는 브랜드는 순발력과 추진력을 발휘해 상대적으로 빠르게 진행될 수 있다. 반대로 새로이 처음 입점하는 브랜드는 상권 조사부터 매장 위치, 인접 및 경쟁 브랜드 파악 등 기본적인 사항을 리스트업(List-Up) 한다. 이 시간이 브랜드마다 차이는 있지만 짧게는 한 달에서 길게는 일 년도 걸린다. 백화점과 입점 브랜드간 상호 의사결정이 이루어지면 계약을 체결한다. 계약 체결 후 일정 기간 입점 공사를 거친 후 오픈하게 된다.

입점 계약 체결까지 브랜드 입장에서 현장 조사를 심도 있게 진행해야 한다. 처음 선보이는 매장의 콘셉트와 콘텐츠를 어떻게 잡을 것인지와 타깃을 설정한다. 브랜드 간 점포 내 경쟁이 치열해서 차별화 포인트가 핵심이다. 다점포 영업 중인 브랜드는 브랜드 아이덴티티를 유지하는 수준에서 지속적으로 새로운 콘텐츠를 보강하고 있다. 로드숍에서 영업 중인 브랜드는 입점 점포 상권과 매장 사이즈와 위치를 감안해서 콘셉트를 콤팩트하게 구현해야 한다. 브랜드 입장에서 백화점 영업의 장점은 마케팅, 디자인, 위생, 안전 등에 관해 적절하게 협업이 가능하다는 점이다. 이것을 잘 활용하면 매장 관리 시스템 구축이나 온라인 마케팅, 연출 능력 강화에 많은 도움이 될 것이다.

그런데 고객은 새로운 브랜드에 거는 기대가 훨씬 크다. 다른 곳에서 경험한 콘텐츠나 스토리는 'One Of Them'에 불과하다. 고객의 니즈는 항상 'Out Of Them'이다. 따라서 성공하고 싶다면 반드시 차별화해야 한다. 고객의 눈높이에서 특별한 것을 보여 줘야 한다. 현실은 계약 조건만큼 신중하지 않은 것 같다.

'매장 하나하나가 지역 사회의 환영을 받을 수 있도록 노력한다.' 스타벅스의 6대 원칙 중 하나인 '우리의 이웃' 원칙이다. 세계 각국에서 성업 중인 스타벅스는 우리나라에서도 그 지역의 문화와 정서를 반영하려고 노력하고 있다. 광화문점, 인사점, 안국역점 등 전통적인 거리에서는 한글 간판을 사용하고 소공동 스타벅스 조선호텔후문점은 왕가의 권위와 품위를 상징하기 위해 금색 글씨를 사용하고 있다. 한국, 일본에 각 1,300여 개씩 있는 매장을 비롯 세계 77개국에 2만 5천여 개의 매장을 운영하고 있는 글로벌 브랜드가 입점하는 그 지역의 특성을 반영하고 있다. 또 일본에서는 일부 유형 문화재의 특색을 살려 진정한 현지화(Localization)를 구현하고 있다.

국내 브랜드 대부분의 특징은 자신들의 고유한 정체성과 콘셉트를 고수하고 강조하는 성향이 짙다는 점이다. '나는 누구입니다'라고 표현하기 바쁜 것 같다. '당신과 함께하려 하는 누구입니다'라고 표현하면 훨씬 더 좋을 것 같은데 상당히 아쉽다. '글로벌의 시작은 로컬'이라는 사실을 상기할 필요가 있다. 유동 인구가 많고 좋은 명당자리에 들어가기 위한 노력은 엄청나게 하는 데 비해 그 지역 사람들과 공유, 공감하려는 메시지나 콘셉트를 찾는 데는 공을 덜 들인다. 리테일은 상대방에 대한 배려이다. 상대방에 대한 이해부터 시작해야 한다. 누군가에 대해 이해 없는 배려는 불가능하다. 상권 조사의 핵심은 나 자신을 그 지역에 투영해서 시너지를 낼 수 있는지의 여부라고 해도 과언이 아니다. 그 지역 주민의 생활 수준이나 소득 수준보다 정서와 공감대 형성 모티브가 무엇인지를 찾는 게 더 나을 것이다. 예를 들면, 지역 친화적이고 환경 친화적인 요소가 무엇인지 심도 있게 찾아야 한다. 진정한 이해를 위한 노력을 하면 할수록 계약보다 오픈의 설렘은 한층 고조될 것이다. 매장에 담으려는 메시지가 거룩할수록 오픈 세리머니는 성대해질 것이다. 하나의 매장 오픈이 새로운 역사의 한 페이지를 장식하려면 역사의 주인공이 누구인지 정확히 파악해야 한다. 그러면 로컬에서 글로벌로 관통하는 지혜를 얻는다.

최고의 거래 조건은 시간과 사람이다

영국 런던의 외곽 폐광촌에 있는 피터 해링턴은 헌책의 가치를 되살린 훌륭한 본보기다. 조그마한 폐광촌에 매년 50만 명 이상의 관광객이 헌책방을 보러 온다. 1960년대 초에 시작해 지금은 40여 개로 늘어난 헌책방이 그 주인공인 것이다.

세상에 오직 하나뿐인 헌책의 가치를 결정짓는 가장 중요한 요소는 시간과 사람이다. 시간은 헌책의 숨겨지지 않는 기록이고 사람은 찾으면 찾을수록 깊고 넓어지는 콘텐츠다. 시대와 역사가 헌책 한 권 한 권마다 각기 다르게 숨 쉬고 있다. 거쳐 온 사람들의 흔적과 켜켜이 쌓인 먼지와 그을음은 시간의 가치에 녹아든다. 오래된 특별한 헌책에서 가치는 자연 발화된다.[3]

안양점에 근무할 때 알게 된 고정 고객이자 이벤트 파트너사 대표

이야기다. 그분은 세계 각국의 희귀한 예술 문화재를 수집해서 이색적인 테마를 연출하는 예술가이다. 그분은 1년의 절반 이상을 해외 오지를 다니며 각국의 문화와 그 시대를 상징하는 소장품을 구해 온다. 지금은 고인이 되셨지만, 탐험 정신과 열정이 정말 남다르고 아티스트적인 감각이 탁월했다. 각종 테마 전시회를 기획하고 강원도 정선 삼탄아트마인을 출범시켰다. 삼탄아트마인은 폐광에 예술과 스토리를 접목시킨 복합문화예술단지다. 10여 년 전 멈춰 버린 탄광의 시간에 예술의 혼을 담아 문화예술 공간으로 거듭난 곳이다. 실제 폐광을 그대로 활용했고 드라마, 영화 촬영지로 각광받고 있다.

피터 해링턴과 삼탄아트마인은 멈춰 버린 탄광촌의 시간을 작가와 예술가들의 혼을 담아 부활시킨 좋은 사례이다. 헌책이 폐광촌에서 시간과 사람의 상관관계에 따라 가치를 달리할 수 있음을 봤다. 상권과 입지가 절대적이라는 자영업에서 그보다 훨씬 중요한 시간과 사람을 경시하는 듯한 느낌을 지울 수 없다. 헌책이 새 책보다 가치를 더 크게 만드는 밸류업(Value-Up)이 가능한 것은 재활용(Recycle)과 보존의 필요성 때문이다. 삼탄아트마인의 폐광도 마찬가지다. 시간의 두께는 인위적으로 만들 수 없기 때문에 희소성이 더 커진다. 자연스럽게 흘러가는 시간을 담아 내는 정성이 상품화를 가능하게 한다. 전통과 역사가 방증이다. 가치 있는 스토리는 시간만큼 업사이클(Upcycle)되고 많은 부가가치를 양산한다.

모든 제품에는 제조일자가 있다. 사람의 생일처럼. 식품은 유통기한이 있다. 일본 등에서는 상미기한이라고 한다. 브랜드와 가게는 시작 연도(Since ○○○○년)를 표시하곤 한다. 이렇게 시기와 종기를 표시하는 이유는 관리 기준과 가치를 알리기 위함일 것이다. 내용물에 따라 시기, 즉 세상에 첫 선을 보인 타이밍이 운명을 좌우할 때도 있다. 시기가 똑같은 상품은 거의 없다. 각각의 공산품 코드와 다른 맛을 지니고 태어나서 누구를 거치느냐에 따라 가치가 달라진다. 재료로 쓰이든 완성품으로 출시되든 시간의 두께와 사람의 흔적은 쉽게 지워지지 않는다.

시기와 종기는 생물의 역사이다. 책이나 술, 옷, 자동차 등의 제품은 폐기되지 않고 기능에 관계없이 온전히 보관된 상태라면 애호가나 특별한 추억이 있는 사람에게는 엄청난 가치를 지닌다. 제품의 시기는 스토리의 시기와 다르다. 선물로 주고받은 것, 행복한 추억이 담긴 것 등 사람에 따라 스토리와 가치가 다르게 된다. 이것이 거래 조건이 된다. 모 가수는 아주 힘들고 어려웠던 젊은 시절에 돌아가신 어머니가 주신 마지막 용돈 1만 원권 지폐 1장을 소중히 간직하고 있다고 한다. 현관 입구 액자에 걸어 두고 아침마다 인사를 하고 출근할 정도로 희소가치가 크다. 모든 생물에 새로이 시기를 부여하는 것, 위대한 탄생의 리사이클(Recycle)이 되는 것이다. 가까운 곳에 소재가 될 만한 것은 얼마든지 있다. 스토리와 가치 창조자가 되어야 한다. 두께와 흔적에서 찾을 수 있는 것으로 거래하라. 사이즈, 색상, 중량과 양념의 차이만으로 상품화하지 말고 생물의 살아 있는 스토리로 차별화해야 한다.

유통기한처럼 종기의 경제적 가치는 엄격해야 한다. 유행이 지난 옷을 입지 않고 놔두는 것과는 차원이 다르다. 제로가 되는 경제적 가치를 폐기하지 않거나 이상한 방법으로 활용하면 사업장이 폐기된다. 시작보다 끝이 어렵다고 한다. 아름다운 마무리의 방법 중 하나로 사람에 관해서는 안락사까지 거론된다. 사고를 일으킬 만한 것들은 종기를 표시한다. 폐기가 또 다른 시기를 만들도록 친환경 소재 사용을 권장하고 있다. 종기가 임박하면 할인 판매, 푸드뱅크 기부 등을 통해 잔존 가치를 발휘한다. 폐기는 부대 비용을 유발한다. 비용의 의미를 제대로 새기면 결코 비용이 아니다. 종기가 주는 메시지를 경고가 아닌 충고로 받아들이는 긍정적 자세가 필요하다. 잘 버리면 잘 얻는다.

늦잠을 자는 바람에 지하철로 1시간 거리에 있는 회사에 지각할 염려가 클 때 최선의 교통수단을 선택한다. 이때만큼은 안전 제일형보다 총알 택시를 선호하는데, 어떻게 골라야 할지가 고민된다. 되도록이면 젊은 기사님을 원하는데 급한 마음에 선착순 우선이다. 막상 타고 보니 중년의 느긋한 인상의 기사님일 때 사정 이야기를 하고 빠른 길 안내까지 애플리케이션을 동원해 지원한다. 속은 타는데 기사님은 좀처럼 액셀러레이터를 밟지 않고 완벽한 신호 준수를 한다. 결국 아쉬운 사람이 우는 법. 최후 카드를 외친다. "기사님 더블!"

어떤 과업을 수행할 때 미션과 함께 주어지는 것이 있다. 시간과 사람이다. 시간이 얼마나 주어지느냐와 누구와 하느냐 또는 누가 수행하느냐에 따라 결과가 달라진다. 그 시간과 사람에 따라 거래 조건은 바뀐다. 즉, 가장 중요한 계약 조건은 계약 당사자와 계약 기간이다. 택시 기사님처럼 사람은 시간의 가치를 바꿀 수 있다. 결국 시간에 맞는 적절한 가용 자원을 최대한 활용해서 미션을 수행하게 된다. 천군만마 같은 택시 기사님을 만나거나 만들려면 사전에 철저한 준비와 노력이 필요하다. 충분히 예상되는 여러 가지 상황을 대비해야 한다. 처음부터 완벽한 조건을 갖추는 것은 무리가 있다. 그러나 시간의 흐름을 통해 사람은 견실하게 바뀌어야 한다.

시간이 흐를수록 가치가 올라가는 것이 있다. 노포, 발효 식품, 커리어 등을 들 수 있다. 일본은 노포의 메카라 할 정도로 200년이 넘는 가게 수가 3,100여 개가 넘는다. 더욱 놀라운 사실은 전 세계 100년이 넘은 노포 80% 이상이 일본에 있다는 것이다. 가장 두드러진 발달 요인은 우리의 상가임대차보호법에 해당되는 일본 차가차지법 계약 기간이 30년이라는 점이다. 게다가 계약 만료되는 30년 후에도 얼마든지 연장 가능하다.

우리의 경우 재개발이 빈번한 도심 환경, 요즘 심각한 문제로 대두되는 젠트리피케이션 문제, 음식점 후계자 양성 문제 등으로 인해 상대적으로 노포가 적은 편이다.[4] 핫 플레이스 가게들도 1년을 못 버티고 문 닫는 짧은 사이클의 한국은 상위 3만 개 기업의 평균 수명이 불과 17

년이다.[5]

노포는 적지만 김치, 된장, 간장 등 우리 고유의 발효 식품은 세계 최고 수준이다. 적정 조건에 일정 시간 정성스러운 기다림으로 숙성, 탄생하는 발효 식품이 암시하는 바가 크다. 자신을 믿고 꿋꿋이 정진하면 기다림의 가치가 언젠가는 발휘된다는 것이다. 부패와 발효가 전혀 다르듯이 자신의 미래 가치를 썩히는 것이 아니라 묵힐 줄 알아야 한다. 쌓을수록 올라가는 커리어는 적절히 묵히는 안목을 높여 줄 것이다. 김치에 필요한 배추를 절이는 소금처럼 밸류업 노력이 필요하다.

노포와 발효 식품의 깊이는 시간과 공들임이다. 피터 해링턴과 삼탄 아트마인 탄광촌의 헌책과 폐광도 시간과 공들임의 결과물이다. 공들이지 않은 시간은 낭비다. 갓난아이의 '시간'에 대한 공들임처럼 '햇시간'으로 품을 줄 알아야 한다. 세상에 갓 태어난 아이의 '햇시간'처럼 당신의 '햇시간'도 영롱하다. 당신의 '햇시간'에 공들일 권리와 의무가 있다.

기본은 장사의 본질이고 전부다

"나는 절대 늦지 않고 일찍 자고 일찍 일어나며 훈련장에서도 가장 먼저 도착하여 100퍼센트의 몸을 유지하려 한다". 컨디션 관리에 철저하면서 최근 이미지 관리에 아쉬움을 남긴 축구 선수 크리스티아누 호날두가 한 말이다. 축구장에서 최고의 플레이를 선보이기 위해 철저한 자기 관리를 하고 있다. 어떤 한 분야에서 상당 기간 종사하게 되면 자기만의 특별한 운영 노하우나 기술 등이 생길 것이다. 최고 스타 플레이어가 쉽게 되는 건 아니다. 게다가, 부지런하고 꾸준한 생활 습관을 유지하기는 더 어렵다.

건강미의 대표적인 인물인 뽀빠이 이상용 이야기다. (…) 기상 시간은 새벽 3시. 그 시간에 일어나 오전 6시까지 책을 읽고, 6시 30분 명동성당에서 새벽 미사를 드린다. 미사가 끝난 후 헬스클럽에서 2시간 동안

운동을 마치면, 비로소 그날의 일과가 시작되는 것이다.[6]

먹는 장사의 대부분은 새벽부터 준비해야 한다. 신선한 재료를 보다 싼 가격에 구매하기 위해 새벽 도매시장을 찾아가는 것부터, 육수나 기본 반죽거리를 준비하기 위해서 가장 빠른 아침을 맞이하는 부지런함이 필요하다. 그것도 가게 주인이 직접 준비하는 게 일반적이다. 하루 장사의 운명을 좌우하기 때문이다. 어제와 다른 오늘을 위해 밑반찬거리도 새롭게 찾아 나선다. 한결같은 모습으로 새로운 것을 제공하기 위해서다. 프로 스포츠 선수나 이상용이 최고의 컨디션을 유지하는 가장 큰 원동력은 절제되고 규칙적인 생활 습관이다. 실제 무대에서 보여지는 최고의 실력에는 이렇게 특별한 이유가 있다. 프로 스포츠 세계에서 쟁쟁한 스타 플레이어들 사이의 경쟁에서 살아남으려면 완벽한 자기 관리는 어쩌면 당연한 건지도 모른다. 컨디션 난조나 부상을 당하면 감각은 훨씬 무뎌질 수밖에 없다. 선수로서 치명적인 손해다. 그 순간 다른 선수가 경기를 지배할 수 있기 때문에 피해는 더 커진다. 적자생존의 원칙이 지배하는 세상이다.

장사가 아무 때나 문 열고 문 닫으면 안 되는 이유는 한결같음에 있다. 즉, 신용이다. 고객의 헛걸음은 가장 큰 피해이자 배신이다. 주변에 경쟁 가게는 엄청 많다. 그들로 하여금 반사 이익을 누릴 기회를 제공하는 것이다. 하늘이 무너져도 가게 문을 열어야 한다고 말한다. 노포들의 경륜이 묻어나는 철학이다. 장사의 기본 중의 기본이다. 노점상이 하루라도 장사를 쉬면 그 자리가 없어지고 만다. 이런 위기의식을 갖고 임해야 한다. 몸이 아프거나 재료에 문제가 생기는 등 장사하다 보면 예기치 못한 일은 얼마든지 일어날 수 있다. 대처하는 수준이 가게의 품격이다. 정기적으로 쉬는 날에도 혹시나 찾아올 수 있는 고객을 위해 차별화된 안내문을 만드는 곳이 생기고 있다.[7]

> **오늘(○요일)은 식재료 탐구 여행을 떠납니다.**

즉석에서 조리하는 가게는 보통 2~3명 이상의 직원이 근무한다. 오픈 초기에는 주인은 계속 상주하면서 미비한 점을 보완하고 바쁠 때 도와주면서 가게가 자리 잡기를 기대한다. 주인이 주방에서 조리를 전담하면서 직원들을 코칭하는 경우도 있다. 어느 정도 자리가 잡히면 직원들에게 맡기고 주인은 편한 시간 또는 바쁜 시간에 방문한다. 사람은 습관적으로 움직이기 마련이고, 가게 주인은 꼰대 느낌을 받기 십상이다. 젊은 직원들이 많을수록 어느 순간부터 주인의 잔소리가 줄어든다. 새로운 사람을 구하고 가르치려면 고충이 많기 때문이다. 충분히 이해되는 내용이다.

그러나, 양보해서는 안 되는 게 있다. 정직이다. 고객 앞에 정직하지 않으면 장사를 멈춰야 한다. 사람의 목숨과 직접적인 관계가 있는 먹는 장사는 고객을 속이면 안 된다. 잘 모르고 속여서도 안 된다. 알레르기 있는 고객, 당뇨 있는 고객, 선천적으로 질병이 있는 고객, 내일 중요한 시험을 앞두고 있는 고객 등 이루 헤아릴 수 없을 만큼 다양하다. 고객을 골라서 받는 장사가 아닌 이상 모든 고객에게 정직하게 응대할 수 있어야 한다. 직원이 제공하는 정보를 믿고 고객이 최종 선택한다. 정보의 신뢰도는 교육과 관리에 달렸다. 정보는 음식에 관한 재료의 신선도가 절대적이다. 재료 관리는 주인의 책임이다. 직원들이 미숙하면 주인이 직접 관리하고 입고와 폐기 기준도 바꿔야 한다. 최고의 플레이를 준비하는 프로 스포츠 선수가 아침 일찍 가장 먼저 연습장에 나가는 이유를 생각해야 한다. 독일의 대표적 철학자 임마누엘 칸트가 산책하는 '지팡이 시간'처럼 꼭 그 시간이면 재료의 신선도를 확인하는 습관을 만들어야 한다. 원산지나 중량도 마찬가지로 정확해야 한다. 신선한 재료뿐만 아니라 요리할 때 사용하는 조리 도구의 위생도 중요한 이유가 여기 있다. 축구 선수의 축구화와 같은 것이다. 이러한 위생적인 프로세스가 이루어지려면 항상 정리정돈의 생활화가 필수다. 재료를 보관하는 창고부터 지금 요리하는 주방 싱크대까지 연결된다. 창고부터 정리하면 주방도 정리가 용이해진다.

식사 시간 전후로 약 2시간 동안 백화점 푸드코트나 식당가는 가장 바쁘다. 붐비는 고객만큼 직원들도 분주하다. 짧은 시간 내에 최대한 빨리 식사를 마치려는 직장인도 많다. 푸드코트는 식당가에 비해 비교적 캐주얼한 메뉴가 많고 키오스크를 통해 자동 주문 방식으로 운영되는 곳이 많다. 대다수가 셀프 서비스로 운영되고 있어 음식 제공 후에는 다시 직원을 찾지 않는다. 좌석 안내부터 음식 서빙까지 이루어지는 식당가와의 가장 큰 차이점이다. 푸드코트의 모든 가게가 바쁜 것은 아니고 가게별로 차이가 있다. 보통 10~15여 개 브랜드가 영업 중인 푸드코트는 주문의 많고 적음에 따라 직원들의 모습이 차이가 난다. 바쁘게 요리하는 직원과 한가하게 주문을 기다리는 직원이다. 기본 반찬을 미리 접시에 덜어 놓는 가게가 많다. 푸드코트뿐만 아니라 식당가나 일반 로드숍 식당도 점심시간에는 비슷한 상황인 곳이 많다.

안타깝지만 대부분 장사 안 되는 가게들이다. 시간을 재촉한 고객들에게 셀프 서비스 외에 신선도 떨어진 반찬을 제공하는 것은 시간이 조금만 있으면 다른 가게로 갈 수밖에 없기 때문이다. 주문량이 적은 가게는 주문 고객에 대한 서비스 차별화를 할 필요가 있다. 기본 반찬은 물론 적절히 찾아가는 리필 서비스까지 검토해야 한다. 식당의 경우 테이블에 비치된 수저, 젓가락과 냅킨, 각종 양념이 항상 충분히 차 있고 깨끗해야 한다. 장사가 안 되는 원인은 재방문률에서 찾을 수 있다. 그 전제는 이용 고객의 반응을 알 수 있어야 한다는 점이다. 특히, 남긴 음식은 무엇이고 리필이 필요한 음식은 무엇인지를 고객 계층별로 알 수 있어야 한다. 공용 퇴식구를 운영하는 점포의 경우는 더욱 그러하다. 푸드코트의 일반 휴게소와 가장 뚜렷한 차이는 고정 고객을 늘리지 않으면 안 된다는 점이다. 뜨내기 장사는 시한부 인생처럼 불안하다.

외식 트렌드와 집객 콘텐츠 보강 차원에서 백화점을 포함한 대규모

쇼핑몰마다 먹거리 매장을 늘리는 게 대세이다. 늘어나는 매장만큼 경쟁은 더 치열해진다. 장사 안 되는 매장이 나올 수밖에 없다. 그런데, 원인도 대책도 모호한 채로 지나가는 고객만 바라보고 있다. 바쁠수록 협력도 잘되고 문제점도 잘 보인다. 축구 경기 90분 동안 바쁘지 않으면 진 것이다. 점심 피크타임 2시간 동안 고객 수에 관계없이 한가하다면 문제를 모르고 있는 것이다. 셀프 서비스는 시스템의 일부이고 가변적인 것이다. 갈수록 늘어나는 IT 서비스가 직원을 한가하게 만든다면 고객은 냉정하게 등을 돌릴 것이다. 장사의 기본은 사람에 있다. 사람이 할 수 있는 것을 더하기 위한 셀프 서비스다. 본질에 충실하라는 4차 산업혁명이다. 오늘 이용한 고객이 어제도 이용한 고객인지를 모르는 장사가 얼마나 갈 수 있겠는가? 매번 만드는 음식이 똑같지 않듯이 고객의 반응도 똑같지 않다. 자판기에 담을 수 있는 상품이 아니다. 사람이, 직원이 달라져야 하는 이유다.

매출은 고객이 아닌 직원이 일으킨다

'현대 경영학의 아버지'라 불리는 피터 드러커는 근래에 성장하는 직원 100명 이하의 작은 회사들이 성장하는 요인을 분석했다. 성장하는 가장 큰 이유는 각자가 자기 일의 주인이 되어 일할 수 있고 자기가 하는 일에 대한 예측이 가능하기 때문이라고 했다. 불안하고 급격한 변화의 시대를 맞아 미래의 기업 경영은 기본적으로 예측 가능함을 기초로 하지 않으면 안 된다. 스타트업을 비롯한 작은 회사들이 엄청 늘어나고 있다. 자영업자도 물론이다. 자신의 역량을 보다 적극적이고 주도적으로 발휘하고자 작은 기업을 선호하는 경향이 늘고 있는 것이다.

실존주의 작가 알베르 카뮈는 이렇게 말했다. "노동을 하지 않으면 삶은 부패한다. 그러나 영혼 없는 노동을 하면 삶은 질식되어 죽어 간다". 작은 회사든 큰 회사든 노동은 신성하고 각각의 가치가 있다. 영혼을 담으려면 자기 일에 대한 사명감이나 주인 의식이 있어야 한다. 소규모 자영업자는 직원이 전부라 해도 과언이 아니다. 규모가 작다 보니 직원에 대한 의존도가 높을 수밖에 없다. 주인의 실질적인 솔선수범이 이루어지면 직원은 영혼으로 답할 것이다. 주인이 장인이자 상인이 되어야 할 이유도 여기 있다. 직원은 주인을 대하는 것처럼 고객을 대하게 된다. 눈치 보며 앞에서만 생색낼 수도 있고, 보이지 않는 곳에서도 기대 이상의 역할을 할 수도 있다. 고객은 공식적으로 칭찬과 질책을 하는 경우 외에는 주인을 찾지 않는다. 따라서, 직원의 의사와 관계없이 대부분의 경우 직원이 주인을 대신하는 것이다.

인천 화평동 세숫대야 원조 냉면 가게는 일당제이다.

"영업이 끝나면 하루 매상을 펼쳐놓고 직원들과 돈을 가르세요. 임대료와 세금, 그리고 사장 몫으로 3분의 1, 재료비로 3분의 1, 마지막 3분의 1을 공평하게 직원들에게 나눠주세요." (…)

직원들 평균 연령이 높아 서비스가 빠르지는 않다. 손목과 무릎 그리고 발목이 아픈 직원도 많다. 아무리 독감에 걸려도 결근하지 않는다. 절대 업무 시간에 딴짓하지 않는다. 다들 주인처럼 행세한다. 안 그러면 주인장이 아니라 직원들에게 따돌림 당한다.[8]

이 시대 경영학자들의 평가가 궁금하다. 주인 같은 직원이 아닌 실제 주인이 여러 명인 이 가게를 어떻게 해석할 수 있을지?

주인 같은 직원이 맞이하는 고객은 최고의 환대를 받을까? 물론 기본 이상의 대접은 받을 것이다. 그러나, 최고의 환대 여부는 미지수다. 변수는 주인의 그릇과 결속력이다. 때때로 주인보다 직원만 있을 때 다니는 가게가 있다. 직원이 손이 커서 뭐라도 더 주고 기분 좋게 해 주기 때문이다. 이런 가게의 그 직원은 오래가기 어려울 것이다. 직원이 주인을 바꾸기 어렵기 때문이다. 최고의 환대가 쉽지 않은 이유다.

가수가 노래 3곡을 불러야 하는 무대에 초청되었다. 3곡 노래 모두 더하고 덜하고 없이 최선을 다해 불렀어도 3곡이 똑같은 박수를 받기 어렵다. 최선을 다하는 것은 가수의 몫이고, 박수를 치는 것은 관객의 몫이다. 최고의 환대에는 가수인 직원이 최선을 다할 수 있게 해 주는 주인의 역할이 중요하다. 앙코르가 나오면 4곡, 5곡도 부르고 나올 수 있는 가수의 재량권처럼 말이다. 이것이 세숫대야 냉면 가게 할머니의 지혜다.

최우수 고객을 별도로 전담하는 직원이 있다. 이 고객들의 쇼핑을 처음부터 끝까지 일괄적으로 도와주는 서비스를 컨시어지 서비스라 한다. 사전적인 의미로 '고객의 요구에 맞추어 모든 것을 일괄적으로 처리해 주는 가이드'를 말한다. 최우수 고객에 대한 나름의 배려이자 고객 관리 방법이다. 고객의 전반적인 라이프 스타일을 공감할 수 있어야 하고 순발력과 전문성 등을 필요로 한다. 백화점 쇼핑뿐만 아니라 생활 전반에 걸친 대화를 통해 매출에 국한되지 않은 동행이 이루어진다. 그 때문에 고객들의 만족도는 매우 높다. 아무나 할 수 있는 서비스가 아니기 때문이다.

이 직원의 경쟁력은 맞춤 서비스 능력과 고객과의 관계이다. 어떤 스타일의 패션을 선호하는지, 취미 및 레저 생활은 어떤지 그리고 어쩌면 요즘의 고민은 무엇인지까지 알고 함께하는 관계이다. 친구 같은 존재라 할 수도 있다. 이 서비스는 매출로 발생되지 않는다. 구매하는 상품에 대해서만 매출로 발생한다. 이렇게 정형화되지 않은 것들은 잠재력이 크고 차별화되어야 한다. 특급 한우 고기는 누구의 손에 구워지느냐에 따라 맛이 달라진다. 최고의 재료는 최고의 장인의 손에서 최고의 가치를 발휘한다는 것이다. 여기에 별미로 추가되는 것이 허물없이 사는 얘기를 할 수 있는 공감 지수다. 최고의 환대는 이렇게 완성된다. 외로운 시장은 공감하는 차별화를 요구한다. 맛있는 음식의 화룡점정급 고명이다.

전문성이 필요한 직업인 미용사에게 들은 흥미로운 이야기다. 미용사는 처음 응대한 고객이 다시 재방문하는 비율을 야구 타자의 타율에 비유한다고 한다. 10명의 고객을 응대했다면 평균이 3할이고 5할에 육박하면 진정한 프로로 인정한다. 야구 선수의 타율이 3할이면 훌륭하듯이 이들도 3할이면 나쁘지 않은 편이다. 가게를 자주 옮기는 경우가 많아 가게의 영향률 30%, 개인의 영향률 70%로 감안한다. 머리를 단장하는 2~3시간 동안 맨투맨으로 자신의 역량을 십분 발휘하여 재방문하면 특별한 이변이 없는 한 고정 고객이 된다고 한다. 머리를 만지지만 마음을 헤아려야 최고의 멋을 완성하는 미용사이다. 호텔이나 백화점보다 더 빈번하게 컨시어지 서비스가 필요한 곳이다.

음식은 미용처럼 전문적인 기술을 바탕으로 베이직 서비스를 제공하고 스페셜 고객에 대한 차별화 서비스를 강구하지 않으면 안 된다. 객수가 많은 사업일수록 고객 관리가 더 필요하다. 단명하는 요식업의 가장 큰 원인이기도 하다. 직원의 높은 이직률은 그 가게의 지속 가능성을 보여 준다. 작은 가게일수록 직원 의존도가 높은데, 피터 드러커가 말한 직원의 주인 의식과 예측 가능성이 어느 정도인지 관리가 필요하다. 세숫대야 냉면 가게는 모든 것이 아주 명확하다. 직원 탓을 하고 있다면 방향을 재정립해야 한다. 직원이 고객을 관리하고, 주인은 직원을 관리해야 한다. 미용사의 타율처럼 주인은 직원의 방어율에 관심을 갖고 지원을 아끼지 않아야 한다.

어떤 사업이든 고정 고객 관리 시스템이 있다. 시스템의 모든 플레이어는 직원이다. 직원의 역량은 고정 고객 숫자와 비례한다고 할 수 있다. 시스템의 부재는 신속한 정비를 요한다. 김성근 야구 감독은 모든 기록을 수기로 직접 관리하고 적시적소에 선수를 투입하기로 유명하다. 나도 모르는 내 취향을 알아주는 직원이 고객을 감동시키듯 주인은 직원의 역량을 강화하고 권한을 공유하는 신뢰를 보여 줘야 한다. 고객과 직원을 위한 시스템을 구비해야 한다. 서울의 한 청년 사업가는 하루 영업 종료 후 개선할 점에 관해 직원들과 격이 없이 논의한다. 이것을 계속 기록으로 남기고 업데이트하고 있다. 직원은 한순간에 주인이 되지 않는다. 자기도 모르는 사이에 의식에서 습관으로 주인이 되어 간다. 공존하지 않으면 공멸한다는 인식이 절실하다. 고객과 직원, 직원과 주인 그리고, 가게와 사회의 공통점을 확장시켜야 한다.

매일 그릇에 음식보다 꿈을 담아라

"나는 선수 생활을 통틀어 9,000번의 슛을 놓쳤다. 300회의 경기에서 패했고 승패를 뒤집을 수 있는 기회에서 26번이나 골을 놓쳤다. 나는 살아오면서 실패하고 실패하고 또 실패했다. 그리고, 이것이 바로 내가 성공한 이유이다." 미국 슈퍼스타 농구선수 마이클 조던이 한 말이다.

살아가면서 슈팅은 무엇을 의미할까? 마이클 조던처럼 경기의 승패를 가르는 회심의 일격이 될 수도 있고, 분위기 반전을 꾀하는 한 수가 될 수도 있다. 슈팅은 누군가의 목적을 담아 희망하는 목적지에 도달하게 인공위성 같은 것이다. 사람들의 다양한 소망들이 펼쳐지는 모습은 우리들의 일상에서 쉽게 접할 수 있다. 우체통에 깊은 사랑의 메시지를 담아 누군가에게 편지를 보내는 것이나 밤하늘의 보름달을 보며 소원을 비는 것은 그 간절함이 남다른 것일 수 있다. 또 '우주의 평화'처럼 거창한 것부터 '내가 좋아하는 구내식당 점심 메뉴'를 바라는 소소한 것까지 순간순간 스쳐 지나가는 것들도 있다. 이 모든 것이 슈팅이라 할 수 있다. 단, 뜻하는 바를 이루어내는 달성 여부는 제각각이다.

꿈은 일상생활 속에서 나타나는 일종의 슈팅이다. 스스로 원하는 것을 소원하는 형식도 다양하다. 종교 시설에 가서 기도하는 방법, 식사 전에 기도하는 방법, 시험 보기 전에 기도하는 방법 등 여러 가지다. 이 모든 내면적인 소원은 마이클 조던의 슈팅처럼 외부에 일정한 형식으로 표출된다. 두 손 모아 기도하는 것과 두 손으로 골 망을 향해 슈팅하는 것은 내용은 비슷하고 형식만 다를 뿐이다. 한 골 한 골이 쌓여 승부를 가르는 농구 경기와 순간순간이 모여 한 사람 인생의 성패를 가르는 것은 맥을 같이한다. 우리는 하루에 몇 번 정도 슈팅을 할까? 그리고, 그 슈팅 횟수는 많은 게 좋을까, 적은 게 좋을까?

네덜란드 축구 레전드 요한 크루이프는 "볼을 가지면 내가 주역이다. 결정은 나로 인한 것이다. 그러므로 창조하는 것은 나다"라고 말한다. 또한 우크라이나 축구 득점기계 세브첸코는 이렇게 말한다. "스트라이커는 공을 잡는 그 순간부터 득점만을 생각해야 한다."

슈팅 횟수가 많다는 것은 기회를 자주 접한다는 것이다. 기회는 슈팅을 하려는 적극적인 사람에게 더 찾아올 것이다. 기회를 마냥 기다리는 사람에게 슈팅은 요원할 것이다. 쉽게 슈팅을 허락하는 세상이 아니기 때문이다. 슈팅 횟수의 상징성은 도전이다. 슈팅은 마이클 조던 처럼 실패의 결과를 가져오게 되면 쉽게 잊히지 않는다. 그러나, 그런 슈팅의 실패가 위대한 선수와 위대한 기록을 낳는다. 스트라이커의 역할은 골을 넣는 슈터이다. 축구의 꽃은 골을 넣는 것이다. 스트라이커가 곧 주역이다. 그만큼 책임도 크다. 스트라이커도 스스로 하고자 하는 욕망과 노력의 슈팅이 모여 주어진 역할이다. 아무나 할 수 있는 역할이 아니다. 요한 크루이프처럼 기회를 스스로 창조하는 사람이 하게 된다. 슈팅의 기회를 바라는 사람은 기회가 오면 어떻게든 득점을 위해 모든 것을 집중한다. 또 실패할 수 있다. 그러면서 배우고 성장하고 또 도전의 슈팅을 한다.

"축구는 실수의 스포츠다. 모든 선수가 완벽한 플레이를 한다면 스코어는 영원히 0:0이다." 프랑스 축구 레전드 미셸 플라티니가 한 말이다. 인생도 실수와 실패의 반복이다. 기회를 찾고 도전하려는 사람에게만 오는 실수와 실패다.

꿈은 특별할수록 평상시 주의 깊게 꿈과 연결되는 매개체를 찾으려는 노력을 하게 된다. 슈팅의 기회는 생활 속 여러 곳에 있기 때문이다.

일본에서만 천 개 이상의 체인점을 둔 커피숍 '도토루'의 창업자 도리바 히로미치 사장은 이렇게 말한다.

"사업의 기회라는 것은 신의 계시처럼 어느 날 갑자기 선택받은 자에게만 내려지는 것도 아니고, 평범한 사람들은 도저히 접근할 수 없는 불가능한 일에 도전하는 모험가에게 그 용기의 증거로 주어지는 것도 아니다. 사실 그것은 일상생활 속에서 몇천, 몇만의 사람들이 똑같이 보고 듣는 것 가운데 얼마든지 있다. 그중에서 사업 기회를 찾아낼 수 있느냐 없느냐는 평상시 마음가짐에 달렸다."

"내가 파리의 카페에서 커피를 서서 마시는 모습을 보고 도토루 커피숍의 힌트를 잡았을 때도, 독일에서 일본에도 레귤러커피의 셀프서비스 시대가 오리라는 걸 확신했을 때도, 내 옆에는 몇십 명의 동업자들이 함께 있었다. 그것을 사업으로 성공시키느냐 아니면 남이 성공하는 모습을 지켜보며 남몰래 부러워해야 하느냐 그 차이는 관심, 고집, 소망, 집착에 있다. 마음에는 모든 것을 끌어당기는 힘이 있다."[9]

하루 24시간은 똑같이 주어진다. 슈팅의 횟수가 많은 사람은 꿈을 구체화하는 노력을 적극적으로 하는 것이다. 출근길에 커피를 마시는 모습이나 점심시간에 메뉴를 고르는 방식 등을 가볍게 흘리지 않고 문제의식을 갖고 주의 깊게 관찰한다. 꿈에서 비롯되는 목적의식일 것이다. 찾으면 보이는 것이 기회이고, 찾을수록 가까워지는 꿈이다.

하버드대 재학생들을 대상으로 한 재미있는 조사 결과가 있다. 명확한 목적과 목표를 가지고 있고 그것을 기록하고 있는 비율이 3%밖에 안 됐다. 나머지 97%는 명확한 목표가 없거나, 목표는 있으나 기록을 해 두지 않았다. 몇십 년이 지난 후, 이 졸업생들의 생활 수준을 조사

했다. 명확한 목표를 기록해 놓았던 3%의 수입이 나머지 97% 전체의 수입을 합한 것보다 무려 10배나 많았다. 명확한 목표를 가지고 있는 것이 중요하지만, 그것뿐만 아니라 기록해 놓고 자주 반복해서 되새기면 훨씬 효과가 클 것이다. 반복은 문제의식이 잠재의식으로 확장되는 결과를 가져올 수 있다.[10]

반복은 자연스럽게 슈팅의 기회를 자주 만들어 낼 것이다. 사람마다 하루 생활 속에서 가장 많이 반복되는 것을 찾을 필요가 있다. 반복은 단순화와 집중을 낳는다. 일상에서의 희망찬 반복은 현실을 즐기는 행복으로 유도한다. 힘들고 바쁜 일상의 윤활유는 자주 충전할수록 좋다. 스스로 흔들리지 않고 성공을 향해 정진하려면 의식화 과정이 필요하다. 그 과정을 통해 슈팅으로 연결시키는 목적의식이 발현될 것이다.

사업의 목적은 이윤 추구이다. 모두 나름대로의 부푼 꿈을 실현하려고 자영업에 뛰어든다. 규모가 적은 자영업일수록 외부 변수에 영향을 많이 받을 수 있다. 그런데 내부 역량과 일상은 큰 변화를 쉽게 도모하지 않는다. 매출의 인과관계는 분명하다. 오를 때와 내릴 때의 굴곡이 롤러코스터의 짜릿함처럼 스릴 만점이라 말하기에는 왠지 서글프다. 하루에도 수십 명을 상대하는 고객의 주문에 자신의 정체성을 잃어버릴 것만 같은 위기의식도 몰려온다. 이것도 고객이 많을 때나 있을법한 행복에 겨운 푸념일 것이다. 도토루 커피숍 창업자가 말한 사업의 기회 요인은 도처에 잠재해 있다. 문제의식은 변화를 위해 필수불가결하다. 내가 부족하고 문제가 있다는 겸손이 다른 유익한 변수를 발견하는 동기가 된다. 관찰의 눈빛이 간절하면 보이는 것이 서광이다. 희망의 무지개는 순식간에 나타난다. 흥겨운 장사는 능동과 긍정의 산물이다.

주인이 꿈을 먹고 살아야 고객에게 꿈을 줄 수 있다. 매출과 고객의 올가미에서 꿋꿋이 정체성을 유지하고 이윤을 극대화하려면 하버드대 재학생 3%의 위력을 체험해 볼 필요가 있다. 단순 반복되는 일상의 매너리즘은 사치이자 위기이다. 직원과 고객은 보고 배우고 느낀다. 자극은 문제의식에서 찾을 수 있고, 슈팅으로 현실화된다. 명확한 목표와 반복적인 되새김은 어떤 변수와 실패도 극복하게 하는 강인함이다. 매일 음식을 담는 그릇에 당신의 꿈을 담아라. 그릇 바닥에 특별한 이미지를 넣는 것도 좋다. 음식 한 그릇, 한 그릇이 반복되는 슈팅이다. 매일 반복되는 슈팅으로 당신의 반짝이는 꿈을 그릇에 새기자. 성공은 저장되진 않지만 미리 보기는 얼마든지 가능하다.

PART 2

쉬운 콘셉트와 편한 콘텐츠가 오래간다

100보다 강한 1을 만들어라

1970년대 초반 탄생한 바나나맛우유는 당시 고급 과일이었던 바나나를 이용해 맛, 영양을 함께 갖춰 우리나라 가공 우유 시장을 대표하는 브랜드로 성장했다. (…) 현재 바나나 우유 시장에서 80%의 시장 점유율을 차지하고 있으며 하루 평균 약 80만 개씩 팔리고 있다.[11]

1970년대 넉넉지 못한 상황의 바나나는 일종의 럭셔리한 고급 식품이었다. 이런 고급 식품의 향을 조금 담아 낸 우유는 향긋한 냄새로 사람들을 유혹하기에 충분했다. 더구나 용기의 독특함도 한몫했다. 단지 모양뿐만 아니라 노란 바나나 색깔이 비춰지는 은은한 반투명의 용기는 시각적으로 구매 충동을 더 불살랐다. 배불뚝이 모양은 어려운 시절의 양적인 넉넉함을 제공해서 다른 제품보다 인기가 높았다. 고유한 제품 특성과 소비자의 추억으로 이어진 바나나맛우유는 지금까지도 인기가 여전하다. 일본, 중국, 캐나다 등 세계 10여 개국에 수출되고 있는 바나나맛우유는 맛으로도 세계를 평정했다.

빙그레의 시그니처 제품인 바나나맛우유가 기업을 상징하듯이 롯데 자일리톨, 동서 커피믹스, 오리온 초코파이 등도 기업을 대표할 만한 시그니처 제품이다. 이런 시그니처 제품의 공통점은 무엇일까? 조금 럭셔리한 라이프 스타일을 대중들이 쉽게 누릴 수 있도록 독특한 디자인을 특화시켜 압도적인 전략으로 제안한 것이다. 즉, 다소 이국적인 콘셉트의 소재를 국내 소비자들에게 편리하고 실용적인 콘텐츠로 응집시켜 접근한 게 주효했다고 볼 수 있다.

『디자인 씽킹 for 컨셉노트』의 저자 신호진, 강경희는 다음과 같이 말한다.

"구글은 시장에서 대다수의 접근 방식이 아닌 극소수의 접근 방식을 택하며 남들이 생각하지 못한 차별력으로 그들만의 입지를 다집니다. 당시 야후나 익사이트 등 유명 포털 검색 사이트들은 뉴스, 광고, 게임 등 새로운 서비스를 모두 한 페이지에 담으려고 안간힘을 쓰고 있었습니다."

구글은 최대한 단순화한 화면에 오직 브랜드 로고와 검색창만을 띄우는 빠른 접근 방식의 강점을 차별화했다. 만약에 다른 경쟁사처럼 일반적인 접근 방식을 추구했다면 오늘의 구글은 없었을 것이다. 시장은 압도하지 않으면 압도당하고 만다. 흉내 내기 어려울 정도로 압도해야 한다. 1등만이 살아남는 무한경쟁 시장의 생존 전략이다.

동시에 여러 가지 기능을 하는 멀티 플레이어가 성행이다. 재주도 많고 능력도 뛰어난 다재다능형 사람이나 제품, 로봇이 많다. 1인 기업가, 스타트업 등 소규모 조직에서는 절대적으로 필요한 존재들이다. 인공지능이나 로봇도 기여도가 커져간다. 이렇게 기능이나 역할은 전문성만큼이나 다기능을 필요로 한다. 그러나, 이것도 대표적인 주기능의 차별화가 전제가 되어야 시장성이 있다. 소소한 여러 기능은 시간이 흐를수록 로봇이 대체할 것이다. 비슷한 열 가지를 수행하는 사람보다 중요한 한 가지만을 훌륭하게 수행할 수 있는 사람이 시장성이 밝다. 시장은 갈수록 디테일만큼 전문화되어 간다. 디테일이 시장을 변화시키는 대표적인 촉진제이다. 디테일은 니즈의 다양성에서 출발한다.

고객의 니즈는 본질적으로 획일화 또는 그룹핑을 꺼린다. 다양성에 본질을 둔 고객의 니즈가 바나나맛우유, 자일리톨 등에서는 기꺼이 군집한다. 구글이나 유명 맛집에서도 마찬가지다. 바로 압도적인 하나에 매달려 줄 서 가며 기다리기도 한다. 축소되어 가는 시장에서 승자와 패자는 급부상하고 급하강한다. 압도적인 하나에 목매야 하는 이유다. 압도적인 하나를 만들지 못하면 시장에서 매몰차게 쫓겨난다. 압도적이냐 압도적이지 못하냐는 시장이나 고객보다 당신이 먼저 알 수 있다. 그것은 오직 하나여야 하고, 그것만을 위하여 모든 것이 전략적으로 집중되고 있어야 출발선상에 설 수 있기 때문이다.

피터 드러커는 이렇게 말했다. "전략의 본질은 경쟁자들보다 더 잘하는 것이 아니라, 그들과 뭔가 다른 일을 하는 것이다. 전략의 핵심은 하지 말아야 할 일을 선택하는 것이다. 하지 말아야 하는 것에 대한 명료성은 해야 할 것에서 성공하는 최선의 방법이다."

또한 마이클 포터는 선택과 집중에 관해 다음과 같이 말했다. "진정한 올바른 선택과 집중은 여러 개 중 하나를 선택하고 집중하는 것이 아니라, 여러 개 중 하나를 제외한 나머지를 과감히 미련 없이 버리고 하나에 집중하는 것이다."

압도적인 하나는 이처럼 하지 말아야 할 것에 대한 명료성에서 기인한다. 해야 할 것을 생각하는 습성이 일반적인데 역설적으로 하지 말아야 할 것에 핵심이 있다는 것이다.

선택의 반대말은 무엇일까? 필수, 기권, 포기, 도태, 배제, 선택하지 않는 것 등이 있다. 이 중 '도태'의 사전적 의미는 '여럿 중에서 불필요하거나 부적당한 것을 가려서 없앰'이고 영어로는 'Die Out'이다. 예를 들면, 야구에서 투수와 포수의 던질 구종에 대한 선택, 신혼부부의 해외 신혼여행지 선택 등과 같이 하지 말아야 할 것에 대해 버리는 것, 포기하는 것이다. 선택의 완성도를 높이기 위해 버리는 것에 대한 심도 있는 분석이 수반된 것이다. 버림이나 포기를 통한 선택은 최소한

'도태'의 개념처럼 선택하지 않은 것에 대해 확실하게 흔적을 없애는 것이다. 버리는 강도나 깊이는 선택의 집중도와 비례할 것이다.

세계 각지에 있는 애플 스토어의 이미지는 모두 한결같다. 수많은 점포가 한 개 같은 느낌이 들 정도의 공통적인 압도적인 이미지가 있다. 어느 점포를 가 봐도 와닿는 느낌을 똑같이 구현해 냈다. 다른 가전제품 매장처럼 어느 한 시류나 트렌드에 집착하지 않고 그들만의 기준으로 압도적인 하나를 연출하고 있다. 압도적인 하나는 규모나 정교함, 시간과 땀이 배어 있는 정성에서 읽힐 것이다.

사람들을 압도할 만한 이미지나 스토리는 단시간에 이루어지기 어렵다. 뛰면서 생각하는 데 익숙해져 있는 세상이다. 엄청난 프로젝트를 수행하는 사람도 기본적인 업무에서 배제되기 어려운 경우가 허다하다. 또 모든 것을 멈춘 상태에서 새로운 구상을 하기도 어려운 현실이다. 앞에서 말한 마이클 포터의 집중 전략을 통해 올바르게 버렸다면 피터 드러커의 경쟁자들과 뭔가 다른 것에 집중해야 한다. 경쟁자들보다 좀 더 잘하는 것이 아닌 남다른 압도적인 하나에 집중하는 것이다. 게다가 자신의 정체성을 가장 잘 표현할 수 있는 압도적인 하나여야 한다.

열악한 환경을 극복하는 경우이든 새로운 가게를 오픈하는 경우이든 절대적인 요건은 시간이다. 최단 시간에 이루고자 하는 목적은 최선의 구상이 수립된 뒤에 검토할 사항이다. 최선의 구상은 자신의 고유한 정체성을 압도적인 이미지로 형상화하는 것이다. 이 구상과 구현하는 시간이 스토리의 핵심이다. 위대한 걸작이 쉽게 나오지 않는다. 남보다 잘하기 위한 개선이 아닌 혁신이 필요하다. 그러려면 과감히 버리고 포기하는 '도태'의 쓰라림을 더 깊이 새겨야 한다.

버리는 것이 완전히 멈추는 것이다. 브레이크 밟고 멈추는 것이 아니라 '시동을 끄고 완전히 멈추라는 것'이다. 그래야 보이는 세상이 바뀔 수 있다. 그것이 진정한 선택과 집중의 첫걸음이다. 구상이 나오면 구현하는 과정 자체를 스토리로 만들자. 이 과정에 고객의 참여와 체험이 깃들 수 있다면 더 좋은 방법일 것이다. 누구도 흉내 내기 어려운 깊이와 이야기를 응축해서 단순화해야 한다. 압도적인 비주얼과 압도적인 콘셉트는 메인 타깃 누구에게나 명확한 느낌을 줄 수 있는 하나여야 한다. 압도적인 하나는 영속성을 지녀야 한다. 진정성과 참신함은 압도적인 시그니처를 당신한테 선물할 것이다.

진정한 콘셉트는 유일한 것이다

일반적으로 콘셉트라 하면 개념, 주제, 차별화된 가치를 의미하고 브랜드의 영혼이라 일컫는다. 소비자에게 전달하는 브랜드의 단순하고 정제된 표현을 말하기도 한다. 콘셉트 자체의 다양성만큼이나 의미나 해석도 여러 가지다. 자영업의 경우 메뉴, 서비스 방식, 인테리어, 분위기, 브랜드 등이 콘셉트의 구성 요소라 할 수 있다.

콘셉트를 어렵고 난해한 전문가들의 이슈라고 생각할 필요는 전혀 없다. 개개인 모두가 가지고 있는 개성을 표현하는 방식의 차이라고 생각하면 된다. 예를 들면 '가족들을 즐겁게 하는 쇼 비즈니스를 파는 회사'라는 것이 맥도날드의 콘셉트이다. 나의 가게는 어떤 가게인가를 핵심 가치 중심으로 차별화해서 알기 쉽게 연출하는 것이다.[12]

콘셉트를 설정할 때 고객, 스토리, 단순 유일함, 연관성 등을 중점적으로 고려해서 감성을 담아 재미있게 연출해야 한다. 미국의 필립 코틀러 교수는 고객은 제품의 콘셉트를 구매한다고 했다. 즉, 콘셉트는 파는 사람의 의도와 사는 사람의 편익, 가치가 일치했을 때 가장 이상적이다. 콘셉트의 종류는 여러 가지가 있으나 크게 제품, 브랜드, 스토어, 포지셔닝, 크리에이티브 콘셉트 등을 들 수 있다.

포지셔닝 콘셉트는 타사 제품 대비 차별화 마케팅 전략을 수립하는 것이고, 크리에이티브 콘셉트는 제품 디자인이나 모델, 포장 등에 나타난다.[13]

유치원에서 어린이들이 장기자랑을 할 때 가장 먼저 결정하는 게 주제이다. 노래나 춤, 연극 등을 통해 관객들에게 전달하고자 하는 메시지가 주제이다. 조금은 미숙할지라도 그 주제를 선택하게 된 배경, 짜임새 있는 알찬 구성과 참가자들의 연출 노력이 어우러져 하나의 콘셉트가 완성된다. 보통 10분 이내로 이루어진다.

고객이 음식점에 머무는 시간은 다소 차이는 있겠지만 30~60분 내외일 것이다. 결코 짧은 시간이라 하기 어려운 시간이다. 자신의 콘셉트를 표현할 수 있는 시간으로는 충분하다. 짧게는 어떤 순간에 콘셉트를 느낄 수도 있다. 그래서 복잡하기보다는 단순해야 하고 재미가 곁들여져야 한다. 가볍지 않은 가치를 쉽게 전하면서 재미를 선사하면된다. 고객이 느낀 콘셉트는 누군가에게 전달할 때 구체화된다. "그 가게 재미있고 이국적인 느낌이었어"라는 식으로 내면적인 경험을 외부에 표현하게 된다. 추상적이거나 복잡 미묘한 경험은 외부에 표현도 쉽지 않다. 단순하면서 구체적인 경험은 명확하게 표현된다. 내가 가진 정체성의 콘셉트를 고객에게 전달하는 것에서 또 다른 고객과 세상에 쉽게 전달, 전파될 수 있는 감각을 발휘해야 한다. 자신의 의지와 상상과 관계없이 공유되고 공유하는 세상이다. SNS, 블로그 등 다양한 매체들이 세상의 이슈를 갈망한다. 더욱 특별한 콘셉트가 중요해지는 이유다.

'세상에서 가장 나쁜 호텔 콘셉트'를 내세운 네덜란드 암스테르담의 한스 브링커 버짓 호텔이 있다. 최악이 최선의 결과를 낳았다. 호텔방에 당연히 있어야 할 샤워장, 거울, 드라이기 등도 없고 그나마 있는 것도 멀쩡하지 않은 것 태반이다. 우리나라의 여인숙과 비슷하다고 할 수준인 호텔이 역발상의 진정성으로 고객의 관심을 듬뿍 받아 연간 14만 명이 넘게 이용하고 있다.

저렴한 가격으로 특별한 체험을 하는 묘미다. 호텔이라는 이름이 전혀 어울리지 않는 호텔에 사람들이 몰리는 이유는 무엇일까? 솔직함을 통한 진정성을 극대화한 결점 마케팅의 성공 사례이다.

고객 체험의 경제학을 저술한 제임스 길모어는 물건을 팔려면 진정한 본심을 얘기하라고 한다. 정해진 매뉴얼대로 기계적으로 움직이는 곳에는 진정성이 결여되기 쉽고 진정성에 대한 고객의 욕구는 자동화, 최신화되는 만큼 늘어날 것이다.[14]

가진 게 마땅치 않고 보여 줄 것 또한 특별한 게 없는 평범한 가게에서 특별함을 못 찾아 하소연한다. 최악의 호텔도 콘셉트라니 막막해하는 자영업자들에게 경종을 울리는 이야기다. 대전제는 진정성이다. 부족함을 숨기지 않고 있는 그대로 보여 주고 그만의 의미와 추억을 느껴 보라는 자신만만한 제안이다. 정보도 편리함도 넘치는 시대에 부족함과 소중함을 동시에 체험하게 하는 암묵적인 메시지는 보이지 않는 수확일 것이다. 진정성은 고객이 이해하고 설득될 수 있는 스토리가 기반이다. 이게 바로 콘셉트의 무서운 잠재력이다. 좋고 나쁨이나 돈을 많이 들인 최신식이냐 아니냐의 의미가 아니다. 유치원생의 장기 자랑처럼 부족하지만 때 묻지 않은 순수함과 독특한 주제를 선보이는 짜임새와 완성도에 달려 있다. 단순하지만 진정성에 감동을 받고 부족함을 독특한 체험으로 연결시켰다.

1789년 알프스 샘물에서 세계 최초 생수 에비앙은 출발한다. 신장 결석을 앓고 있던 환자가 알프스에 흐르는 지하수를 먹고 병이 나아서 상품화된 에비앙이다. 빙하 퇴적물을 통과한 깨끗한 물이 미네랄도 풍부해 물에서 약으로 진화하는 스토리를 지녔다. 알프스에서 1년에 평균 200여 미터씩 15년 동안 자연의 섭리대로 흘러내려 친환경 에비앙 생수가 되는 것이다. 15년이라는 시간이 유일함과 희소성의 진수라 할 수 있다.[15]

에비앙의 유일함과 희소성은 충분히 그 가치가 남다르고 특별하다.

고급 생수 콘셉트로 꾸준한 인기를 누릴 만큼 훌륭한 제품이다. 콘셉트의 절대적인 강점인 시간의 힘이 대단하다. 제품의 히스토리만큼 제조 과정의 스토리가 오랜 시간에 걸쳐 묻어난다는 자연 친화적인 가치가 압도적이다. 이렇게 지역의 고유한 특색을 바탕으로 발돋움하게 되면 콘셉트 연출이 훨씬 수월해질 것이다. 스토리텔링의 요소가 많고 탁월한 유일함을 부각시킬 수 있다는 것이다. 제품의 탄생 배경과 히스토리의 진정성은 고객에게 강한 설득력을 발휘한다. 탄탄한 히스토리는 더 많은 호기심을 유발하고 지속 가능성에 크게 기여한다. 순간순간 한 걸음 한 걸음을 스토리로 만들어야 한다. 주변의 핫 아이템을 흉내 내거나 모방한 것이 아닌 창조물에서 가능하다.

흐르는 강물의 물결처럼 나무도 사람도 자기만의 결이 있다. 결을 살리면서 물결은 흐르고 나무는 자란다. 사람도 마찬가지다. 차이점은 강물과 나무처럼 눈으로 확연히 드러나지 않는다는 것이다. 안 보이는 내면의 결은 자신도 잘 모를 수 있다. 희로애락(喜怒哀樂)이 중첩된 결은 또 다른 결을 생산한다. 결은 단절됨이 없이 계속 흐르고 자란다는 것이다. 강물과 나무처럼. 그래서 어떤 순간에도 자신의 결을 쓰다듬어야 한다. 생물(生物)은 쓰다듬을수록 엄마의 품속같이 도파민을 양산한다. 타인의 따뜻한 손길이 모닥불이라면 자신을 어루만지는 손길은 밤하늘의 은하수다. 지치고 상처 입은 영혼은 더 성숙하고 강인한 모습으로 자기만의 결을 타야 한다. 최선의 지름길은 당신의 결을 당신 결대로 사랑하는 것이다. 사랑은 곱셈의 법칙이 작용한다. 당신의

결을 사랑하는 당신은 주변 세상의 와이파이 빈틈을 당신의 결대로 넘어설 것이다

세상의 유일한 것은 자기 자신이다. 누구나 자신의 정체성이 있다. 그것에 진정성을 담아 단순하고 이해하기 쉽게 표현하는 것이다. 당신의 결이 알프스 광천수 에비앙만큼 숭고하다. 당신의 결을 잘 이해하고 통합해서 다른 사람들에게 가치를 제공할 수 있는 진정성으로 콘셉트하면 된다. 제아무리 훌륭한 콘셉트도 자기표현이고 자기만족이다. 부족함도 진솔함으로 콘셉트한다. 당신의 모든 것이 콘셉트 소재이다. 고객은 당신만의 진정한 가치를 기대하고 체험하고 싶어 한다. 그것이 대체 불가능한 유일한 당신의 콘셉트이다.

진정성과 본질만을 내세워라

"갓 태어난 아이를 품에 안을 때마다 나는 생각하곤 했다. 내가 이 아이에게 하는 말과 행동이 이 아이는 물론이고 아이가 만나는 모든 사람에게 영향을 줄 거라고. 그것도 하루나 한 달 혹은 일 년이 아니라 영원히 말이다. 어머니로서 이것은 정말 짜릿하고 흥분되는 일이었다." 존 에프 케네디 대통령 어머니인 로즈 케네디 여사가 한 말이다.

대통령을 키운 어머니뿐만 아니라 모든 어머니의 마음일 것이다. 순수한 아이에게 해가 되지 않고 평생 간직할 사랑과 진실만을 전하려는 것이다. 아이가 설령 받아들일 기준이 다르더라도 어머니는 어머니로서 본질에 충실하다. 어머니의 콘셉트는 '어머니'가 전부이다. 어쩌면 모든 사업이 고객에게 전달하려는 가치도 이렇게 시작할 것이다. 순수함에 대한 숭고한 사랑처럼 진정한 콘셉트를 찾아야 한다. 본질은 진정성에 자연스레 연결된다. 어머니다운 것은 너무도 명확하고 선명하다. 본질은 꾸미거나 각색되지 않는 고유한 것이기에 명확하다. 따라서 명확하지 않은 것은 본질과 거리가 멀다. 부연 설명이나 겉치레가 요구되는 것은 본질이라 하기 어렵다.

본질은 좋아하는 것의 집합체이다. 좋아하는 사람이나 경치, 음식 등을 보면 밝은 미소가 지어지는 자연스러운 것이다. 가식이나 억지가 아닌 마음속 깊은 곳에 자리 잡은 자기만의 취향이다.

『이제부터 민폐 좀 끼치고 살겠습니다』의 저자 고코로야 진노스케는 좋아하는 일에 대해 다음과 같이 말한다.

좋아하는 일을 하는 데 의미는 필요 없습니다. 좋아하니까, 그냥 하면 됩니다. (…) 자신의 마음에 솔직하게 행동하는 사람은, 언뜻 손해를 보는 것 같아도 후회나 미련이 남지 않습니다. 마음속에 부정적인 요소가 조금도 없는 거죠. 즉, 문제의 원인이 없기 때문에 자신다운 모습 그대로, 행복하고 좋은 인생을 보낼 수 있습니다. 손익을 계산하지 않고, 좋아하는 일을 하는 사람은 진정한 의미의 정직한 사람입니다.

현란한 조명이나 오래된 빈티지의 오브제가 필요한 콘셉트보다 자연스러운 즐거움을 선사하는 것이 최고다. 특별한 도구를 활용하는 것은 보완이다. 본질은 진정한 자기만의 것이다. 그래서 쉽고 단순하다. 정말 옷을 잘 입는 패셔니스트는 평범하고 가벼운 캐주얼 콘셉트로 자신을 맘껏 뽐내는 사람일 것이다. 그 스타일을 좋아하는 것은 당연하다. 좋아하지 않으면 진정성과 본질은 왜곡되거나 불편해진다. 한두 사람이 아닌 많은 사람이 경험하는 것의 본질은 숨겨지지 않는다. 그 때문에 좋아하지 않으면 오래가지도 못한다. 정체성은 경험의 산물이다. 고코로야 진노스케가 말한 대로 좋아하는 일을 다른 생각 없이 자기 감정 그대로 실행에 옮겨 봐야 자신의 본질을 정확히 알 수 있다. 고객에게 보이는 본질은 음식이나 상품만이 아니라 자신의 모든 것이다. 콘셉트는 자신의 분신이다. 더구나 진정성과 본질은 자기도 모르게 배어 나오는 속성이 있다. 케네디 대통령 어머니의 말처럼 세상 모든 사람에게 영향을 미칠 수 있는 것이다.

> "좋은 콘셉트는 쉬워야 합니다. 이해하기 어려워서는 안 됩니다. 그러므로 좋은 콘셉트는 듣기만 해도 결과가 머릿속에 그려지며 반대로 결과물을 봤을 때 콘셉트가 무엇인지 바로 알아챌 수 있어야 합니다. 콘셉트에서 은유(Metaphor), 비유(Analogy)가 효과적인 이유가 바로 그것입니다. 누구나 알고 있는 것을 지금 사용하는 곳이 아닌 다른 곳에 빗대어 적용해서 이해하기 쉽게 만들기 때문입니다."[16]

쉬운 콘셉트는 단순 명확하고 오래간다. 디자인은 멋이 아니라 철학이다. 기교나 연출은 본질에 종속된다. 철학이 명확하면 이해가 빠르고 사용도 편리하다. 궁극적인 콘셉트의 지향점이 바로 이것이다. 쉽고 편한 것은 본질의 충실도에서 자연스럽게 나온다. 듣기만 해도 이미지가 연상될 수 있는 것은 본질적인 것이다. 복잡한 것은 본질과 거리가 있다. 본질은 태생적으로 단순하기 때문이다.

또한 많은 사람들의 더 좋은 생활을 지향하는 이케아는 고객과 함께하는 것을 강조하고 차별화한다. 직접 조립하는 것부터 적정 시기에 리사이클링하는 콘셉트까지 고객 관여도가 높다. 이케아의 고객 참여 콘셉트는 비용보다 가치 중심적이다. DIY 트렌드와 늘어나는 싱글족의 니즈와 부합되는 맞춤형 콘셉트이자 고객 지향적이다. 또한 이케아는 푸드코트 이용 고객 좌석 부족 문제를 완화하기 위해 짧은 시간에 식사를 마친 고객에게 디저트를 제공하기도 한다. 고객과 함께 문제를 해결하는 콘셉트와 같은 줄기이다. 같은 콘셉트의 다른 DIY 주체가 연결되어 솔루션을 완성하는 본질이라 할 수 있다.

치열한 경쟁이 차별화를 약화시킨다고 역설하고 있는 『디퍼런트』의 저자 문영미 하버드대 교수는 경쟁이 치열할수록 강점에 집중적으로 투자하기보다 약점을 보완해서 평준화된 모습을 보인다고 지적한다. 무한 경쟁시대에 살아남기 위해 약점을 마냥 외면하기 어렵겠지만 더 도전적으로 모험심을 발휘해야 할 것은 강점이다. 약점은 결코 계속 갈 수 있는 본질이 아니기 때문이다. 쉽게 표현해야 할 콘셉트가 쉬운 대책을 의미하지 않는다. 콘셉트의 목적은 차별화이다. 진정성과 본질은 차별화의 핵심 요소이다. 좋아하는 것이 강점이 아니라 약점이라고 한다면 콘셉트는 무너지고 만다. 강점의 존재의 이유는 약점을 극복하는 것이다. 더 공격적이고 적극적인 콘셉팅을 하지 않으면 'No Concept'가 될 수 있다.

핀란드 헬싱키에는 '엄마가 가족에게 주고 싶은 것'만 파는 유기농 슈퍼마켓과 '자연과 생명'을 파는 100년이 넘은 전통 시장이 있다. 이 전통 시장의 블루베리를 판매하는 가게는 우리나라처럼 옆집과 비교하는 가격 흥정에 전혀 관심이 없다. 주인은 당당하게 옆집에서 무엇을 팔든, 자기보다 비싸게 팔든 싸게 팔든 관심 없다. 주인은 옆집과 경쟁하지 않고 스스로의 정직함과 경쟁한다.

탁월함에는 경쟁이 불필요하다. 본질과 같은 속성이다. 경쟁은 상대적인 의미이다. 누군가와 공통의 목표를 갖고 비교 우열을 가리는 시합이나 게임의 논리이다. 핀란드 블루베리 가게 주인은 자신의 정직함과 경쟁한다고 했지만 자신의 본질에 충실하고 있는 것이다.[17]

본질은 절대적인 개념이다. 우리는 주변에 영향을 주기도 받기도 한다. 본질의 탁월함은 표본이 될 것이다. 그렇게 영향은 미친다. 스스로 자신감이 없고 부족하다고 느낄 때 부단히 공부하고 훈련한다. 콘셉트는 완벽한 것이 아니다. 미완성에서 완성도를 높여 가는 과정의 결과물이다. 남의 것이 좋고 배울 만한 것은 고객을 위한 배려이다. 자신의 본질에 더 깊이 파고드는 장인 정신 같은 사명감으로 임해야 한다. 최고는 스스로 만족하는 것이 우선이다.

자연은 가까이 있으면서 변화무쌍한 모습을 끊임없이 보여 준다. 피고 지는 꽃도 그 자태와 향기가 예전과 다르고 묵묵히 자라는 나무는 드리우는 그늘과 스쳐 가는 바람 소리가 항상 다르다. 당신의 모습도 항상 다르다. 시간의 두께만큼. 매일 바뀌지만 놓치고 있을 것이다. 그것이 세월이겠지만. 만남과 헤어짐도 마찬가지다. 때가 되면 다시 꽃망울을 터트리고 화사한 재회를 한다. 지난번의 모습과 달리 더 예쁘고 성숙한 모습으로. 그렇게 지난번 만남의 추억과 헤어진다. 세상은 순리대로 본질을 유지한다.

늦둥이 딸은 젖내음이 없어진 뒤로 하루가 다르게 무척 빨리 자란다. 갈수록 예뻐짐의 색깔이 조금씩 바뀌지만 유아기의 인형 같은 신비로움이 그리울 때가 있다. 세상의 묵직함에서 홀가분하게 자유롭고 싶을 때 특히 그렇다. 어린 생명의 성장 속도가 중년의 퇴화 속도를 새삼 알려 주곤 한다. 바쁘다. 한결같이. 쫓기듯이. 변하는 것을 반갑게 맞이하지 못하고. 품어야 새로운 싹이 틀진대 품지 못하고 뱉기 바쁘다. 주변의 모든 것이 곧 그리워질 텐데.

오래된 나무는 군더더기 없이 듬직하다. 주변을 헤아리고 어루만져 주고 잘 보살핀다. 그것이 곧 자신한테도 득이라는 것을 알기 때문이다. 벌레나 새들이 노닐어도 친구가 되어 줄 뿐 아픔이나 불편을 말하지 않는다. 성숙한 진정성은 흔들림이 적고 듬직하다. 매일 바뀌는 세상의 멜로디는 보여 줄 뿐이지 맞추라고 하지 않는다. 세상 본질의 한

축을 구성하고 있는 당신의 진정성과 본질이다. 세상 앞에 떳떳하고 당당하게 보여 줄 충분한 자격이 있다. 당신의 악보에 맞는 멜로디와 리듬을 찾아 연주하면 된다. 연주 시간이 꽤 길어도 지루해하거나 떠나지 않도록 당신만의 향기를 잃지 말아야 한다. 그러면 어느 순간 세상의 멜로디가 당신의 악보에 맞춰져 있을 것이다.

차이가 아니라 格이 다름을 보여라

　거대한 오리 인형 러버덕이 서울 석촌호수에 2014년 등장했다. 가로 16.5미터, 세로 19.2미터에 무게는 1톤이 나가는 약 15미터 높이의 엄청난 규모에 모두들 발걸음을 재촉했다. 평온하고 조용한 분위기의 호숫가가 잔칫날 축제 분위기로 바뀌고 롯데월드몰과 인근 지역은 수많은 인파로 북적였다. 러버덕은 SNS를 타고 빠른 속도로 퍼져 한 달 동안 무려 500만 명이 다녀가는 큰 인기를 누렸다.[18]

　플로레타인 호프만이 기획한 거대한 조형물은 사람들을 즐겁게 만들고 긴장을 해소하는 데 일조했다. 귀여운 캐릭터에 옛날 어린 시절 추억과 호숫가에 대형 인형이라는 예상치 못한 연출에 탄성을 자아낼 만했다. 모두에게 공평하게 보여 주는 연출은 사람을 차별하지 않았다. 세계 공통의 콘셉트인 러버덕은 탈경계와 공유의 메시지를 암시한

왜 저 사람은
나보다 잘 팔까?

다. 소소한 일상에 지친 영혼에 대한 적지 않은 규모의 시선 강탈은 잠시나마 힐링의 효과도 충분하다. 연출의 목적은 메시지나 스토리의 함유와 전달일 것이다. 러버덕은 고요한 호숫가에 그냥 떠 있을 뿐 다른 모습을 보이지 않았다.

　동물과 자연은 있는 그대로의 자연스러움 그 이상의 의미도 찾기 어려울 것이다. 사람과 동물, 자연 친화적인 표현은 감성적으로 소구하는 좋은 방법이다. 사람은 부피나 깊이, 정도 등 기존 감각의 패턴에서 벗어난 것에 쉽게 그리고, 빠르게 반응한다. 예상치 못한 차이에 따라 반응의 속도나 이해는 다르게 나타날 것이다. 즉, 크고 작은 조형물이나 연출의 깊이 등에 따라 반응하게 된다. 반응은 공감 또는 반감 등으로 나타난다. 대중적이고 일반적인 콘셉트일수록 무난함을 지향한다. 많은 사람을 포용할 수 있는 연출은 단순하면서 명확하기 때문이다. 차이는 현재와 비교되는 것이다.

　『오래가는 것들의 비밀』의 저자 이랑주가 소개하는 마카롱 가게 이야기다.

　세계 최초로 지금과 같은 모양의 마카롱을 만든 과자점은 프랑스의 '라 뒤레'이다. 150년이 넘은 과자점으로, 프랑스 사람이라면 한 번은 가서 먹어 보는 곳이다. 뉴욕, 두바이 등에도 라 뒤레 매장이 있다.
　파리에 있는 본점에 가면 라 뒤레가 프랑스 사람들에게 어떤 의미인지 단번에 느낄 수 있다. 라 뒤레 매장에는 조명이 거의 없다. 마치 박물관에 들어온 것처럼 어둡다. 음악도 나오지 않는다. 항상 사람들이 미어질 듯이 많지만 정작 매장 안은 아주 조용하다. 사람들은 작품을 고르듯이 줄을 서서 신중하게 마카롱을 고른다. 그 수다스러운 프랑스 사람들이 여기서는 소곤거리며 대화를 한다. 마치 보석상에서 보석을 고르는 것 같은 느낌이다.[19]

150여 년의 역사를 지닌 박물관의 작품인 마카롱이다. 마카롱을 팔지만 고객은 예술가의 작품처럼 보석을 고르는 체험을 하게 된다. 역사와 연출과 콘셉트의 일관성에서 나오는 중후함이 박물관을 연상케 하는 것이다. 달콤한 마카롱만이 정적이 흐르는 어둠 속의 매장을 밝히고 있는 것이다. 모든 연출이 마카롱에 집중되어 있어서 작품이 되고 보석이 되는 것이다. 세계 최초로 마카롱의 형태를 만든 장인의 영혼과 정성이 경건함을 자아내고 무게감에 압도당한다. 차라 할 만한 정체성은 찾기 어렵다. 품격이 발산되는 콘셉트에 마카롱의 향이 녹아든다. 고객 체험의 향수가 된다.

제대로 된 간판도 없이 일주일에 단 사흘만 영업하는 마카롱 전문 제과점이 있다. 경기도 남양주시 한적한 곳에 위치하고 있는 조그마한 '잇다제과'이다. 그나마 영업시간도 오후 1시부터 6시까지 5시간뿐이다. 영업시간에도 늦게 가면 다 팔려 품절인 경우가 많다.

왜 이렇게 영업할까? 더 많이 만들면 더 많이 팔 수 있을 텐데. 젊은 청년 사업가인 주인은 일주일 영업시간 15시간 이외에는 직원들과 제품 개발에 주력한다. 매달 새로운 콘셉트와 신선한 재료를 활용한 신제품을 선보인다.[20]

잇다제과는 일주일에 3일간 15시간 제조된 수량만 판매하고 끊임없이 새로운 제품 개발 중에 있다. 고객 입장에서는 썩 반갑지 않은 콘셉트일 것이다. 아무리 맛이 훌륭하다고 하더라도 영업시간을 기억해야 하고 그것도 일찍 서둘러야 맛을 볼 수 있기 때문이다. 게다가 대중교통으로 다니기에 불편한 장소에 있다. 150여 년의 역사를 자랑하는 박물관 콘셉트의 라 뒤레에 전혀 뒤지지 않는 자긍심과 대담함에 놀라지 않을 수 없다. 차이를 거부하고 품격을 창조하고 있는 잇다제과이다. 라 뒤레가 마카롱의 역사와 전통을 판다면 잇다제과는 마카롱의 역사를 새로 쓰기 위해 노력하고 있다. 짧은 영업시간은 SNS로 고객과 소통하면서 극복한다. 자기 자신에 충실한 것을 무엇보다 우선하는 콘셉트는 관심과 흥미를 유발하기에 충분하다. 단기 이벤트성인 러버덕의 압도적인 콘셉트에 버금가는 자기만의 고유한 독창성이 사람들의 이목을 집중시킨다. 이익보다 콘셉트에 사활을 건 대표적인 사례이다. 희소성과 차별성을 독자적인 가치로 만들 수 있다는 것을 보여 주고 있고, 참신성에 도전하는 콘셉트를 내포하고 있다.

흔히들 차이는 개선이라 한다. 작은 것 하나라도 다른 관점에서 조명하고 변화의 실마리와 솔루션을 찾게 된다. 물론 작은 것을 소홀히

하면 거대한 지주가 무너진다. 사소한 것들이 모여 큰 업적과 성과를 가져오기도 한다. 더구나 디테일의 혁신 없이 차별화는 어렵다. 작은 차이는 굵은 뿌리를 보호하는 역할을 한다. 작은 차이가 모여도 굵은 뿌리가 더 탄탄해지지 않는다면 작은 차이는 무의미하고 낭비. 아무리 물을 줘도 영양분으로 소화하지 못하는 결과이다. 실제 이런 경우가 많을 것이다. 그 시행착오 끝에 새로운 뿌리를 드리우게 된다. 작은 차이가 알려 주는 시그널은 항상 뿌리를 향하고 있다. 뿌리는 여러 가지를 흡수할 수 있는 러버덕 콘셉트일 필요가 있다. 뿌리가 스스로 자가발전하기는 어렵다. 작은 차이가 곁들여져야 한다. 어떤 것도 가볍지 않다는 것이다. 그 부담을 줄이고 효율을 올리려면 뿌리를 제대로 내려야 한다. 작은 차이들이 퍼즐처럼 오밀조밀 제 역할을 해줘야 콘셉트의 진한 향이 곳곳에 퍼질 수 있다. 잇다제과의 영업 시간이 희소성의 가치가 될 수 있는 것은 10%밖에 안 되는 영업시간 이외의 새로운 콘텐츠에 대한 90% 시간의 진정성과 참신함에 있다. 눈에 보이는 것 못지않게 보이지 않는 부분까지 콘셉트에 담아내는 치열함이 곧 품격이다.

> "선수는 통계적으로 경기 중 3분만 볼을 소유한다. 가장 중요한 것은 나머지 87분 동안 무엇을 하느냐. 그것이 좋은 선수와 나쁜 선수를 가른다."
>
>   - 네덜란드의 축구선수 요한 크루이프

왜 저 사람은
나보다 잘 팔까?

첫인상의 온도가 다시 올 확률이다

개성이 강하고 자기주장이 분명한 사람일수록 첫인상에 대한 판단이 빠르다. 다시 말해 호불호의 판단이 빠르고 명확하다는 것이다. 이 사람들에게 첫인상의 호평을 받았다면 그 평가는 웬만해서 바뀌지 않을 것이다. 첫인상의 영향력이 가장 큰 경우는 아마도 맞선을 보는 자리와 취업 면접 자리일 것이다. 평생의 반려자를 고르는 순간과 자신의 야망을 펼칠 직장의 당락이 결정될 수 있는 순간은 긴장되고 짜릿하다. 보통 사람들이 새로운 사람이나 사물을 대하면 0.017초만의 첫인상으로 판단하는 경우가 많다고 한다. 진짜 말 그대로 찰나에 불과한 MOT(Moments of Truth)이다.

왓챠플레이와 넷플릭스는 약 2시간 남짓 함께할 내 취향에 맞는 영화를 추천해 주는 서비스다. 나의 영화 취향을 다양한 DB를 통해 추출해서 제공한다. 왓챠플레이의 경우 추천의 정확도가 넷플릭스보다 압도적이다. 맞춤 서비스라 해도 과언이 아닐 정도이다. 요즘은 결혼 정보 회사에서 사전 매칭 과정을 거친 후 후보 커플을 연결해 준다. 그럼에도 불구하고 성혼율은 높지 못하다. 갈수록 심화되어 가는 개인화 성향과 복합적인 다양성을 수용하기 쉽지 않을 것이다. 짧은 시간이나 단발성 관계를 목적으로 하지 않기 때문이다. 설령 첫인상의 확신이 강하지 않았더라도 다음 단계로 이어졌다면 최소한 마이너스 결과는 아닌 것이다. 첫 만남에서 애프터로 이어진 것은 반감은 느끼지 않았다는 것이다. 애프터는 다시 본다는 의미로 발전적인 가능성을 암시한다. 쉽게 달궈진 게 쉽게 식는다는 말처럼 천천히 달궈진 것이 더 오래갈 수도 있다. 그런 면에서 왓챠플레이의 개인화된 추천 서비스의 정확도와 구독 잔존율 70%는 쉽게 넘볼 수 없는 엄청난 결과물이다. 첫인상의 온도가 무려 70도라는 것이다. 60여 명의 직원이 570만여 명의 회원들의 취향을 관리하고 있다는 것이 섬짓할 정도이다.[21]

불특정 다수의 고객을 상대하는 사업에서 좋은 첫인상은 어떻게 가능할까? 보편화된 콘셉트는 접근성은 좋을지언정 차별화의 미흡을 낳아 쉽게 잊힐 수 있다. 최대 다수의 최대 만족은 어렵다. 구체적인 타깃 설정이 우선이다. 어떤 전략도 선택과 집중은 불가피하다. 타깃의 명확화는 한정된 탄알과 시간에서 비롯된다. 누구에게나 돌아가는 혜택은 혜택이 아니듯 누구를 위해 종을 울릴 것인지가 명확해야 한다. 타깃은 재방문을 포함해 팬으로 확장할 수 있어야 한다. 그래서 타깃의 첫인상은 매우 중요하다. 타깃의 관심사, 트렌드, 니즈 등을 종합적으로 분석, 계속 업데이트해야 한다.

더 중요한 것은 타깃에게 제공할 특별함이다. 인테리어와 분위기는 편안하고 자연스럽게 젖어들어야 한다. 맞선 자리의 자기 PR이 아닌 취업 면접관에 대한 자기 PR이 되어야 한다. 맞선 자리는 상호 대등하게 소개하고 평가하는 콘셉트이다. 타깃은 가게에 들어서는 순간부터 당신과 함께하면서 평가한다. 철저히 타깃 맞춤형 제안이어야 한다. 내가 준비한 탄알 중심이 아닌 타깃의 취향 중심이어야 한다. 왓챠플레이처럼 느낌으로 와닿는 취향을 제안해야 한다.

왓챠플레이의 구독은 당신의 주문이다. 주문을 하고 받는 과정이 절대적인 MOT이다. 메뉴 북은 가게의 얼굴이다. 식재료 차별성 및 음식 조리 과정, 브랜드 소개, 음식의 정체성, 건강과 영양 관련 정보 등 재미있고 믿음직스럽게 제안해야 한다. 첫인상이 어려운 것은 순식간이기 때문이다. 준비를 하면 자신의 진정성과 본질은 느껴질 수 있다. 그래서 가식 없이 자연스럽게 고객에 자신을 맞추면 된다. 고객은 논리에 따라 오지 않고 기분에 따라 온다. 타깃 마케팅은 에로스를 기반으로 감성적이어야 한다. 면접관이 원하는 감동을 자기만의 고유한 스타일로 표현하는 것이다.

식당에 들어서면 빈 좌석을 자연스럽게 찾게 된다. 그중에 전망 좋은 좌석이나 구석진 좌석을 일반적으로 선호한다. 세미 셀프 형식의 매장 구조라면 고객은 직접 좌석을 선택하기도 한다. 안내하는 직원들은 대부분 고객수를 기준으로 좌석을 배정한다. 특히 피크 타임 때는 그렇다. 일행이 여러 명인 경우는 배려이다. 그런데 2~3명인 경우는 때때로 불쾌한 권유가 될 수도 있다.

좌석 배정과 신속한 배식으로 최고의 서비스를 제공하는 가게가 있다. 50여 년의 전통의 '무교동 북어국집'이다. 메뉴는 북어국 단일 메뉴다. 점심시간의 직장인들은 시간에 쫓기면서도 길게 줄을 서며 순서를 기다린다. 바로 오랜 경험과 최적의 역할 분담으로 갖춰진 시스템 때문이다. 인원수에 맞는 적절하고 신속한 좌석 배정과 식사 제공은 회전율을 극대화시킨다. 추가 주문 전에 리필되는 반찬도 최상의 서비스다. 맛도 맛이지만, 운영 시스템은 아날로그 방식임에도 불구하고 완벽에 가깝다. 이 가게는 시간과 맛을 최적화한 콘셉트이다. 감명 깊은 좌석 배정의 첫인상이 50여 년의 시간 속에 녹아 있다.

도봉산 입구에 있는 두부 전문점에 가면 누구나 잊지 못할 경험을 한 가지 하게 된다. 여느 식당처럼 냅킨이나 테이블 시트에 놓이는 수저가 아니다. 전통 한식을 상징하는 태극 문양의 삼각 받침대에 숟가락과 젓가락이 올려진다. 위생 문제로 자주 이슈화되는 냅킨의 문제점을 지혜롭게 극복하면서 잊히지 않는 첫인상을 심어 준다.

인천의 40년 전통의 메밀국수·만두 전문점인 청실홍실에 가면 체인점인데도 철저히 관리되고 있는 한 가지를 발견하게 된다. 테이블 위에 올려진 수저, 젓가락, 냅킨, 양념, 소스 등이 항상 베스트 상태를 유지하고 있다. 깨끗하고 내용물이 충분히 채워져 있다. 내가 첫 손님인 것처럼 착각할 정도로 관리되고 있다. 첫 손님의 느낌을 첫인상으로 간직하게 되는 가게이다.

첫인상은 개인화된 취향으로 데이터화가 어렵다. 전후 정황으로 추론할 수 있을 뿐이다. 오프라인 매장의 대면 직원은 훨씬 정확한 추측이 가능하다. 결국, 고객의 감성은 사람의 마음을 담은 손길이 좌우하게 된다. 무교동 북어국집과 청실홍실의 아날로그적인 배려와 제안을 통해 첫인상의 온도가 충분히 전해질 것이다. 따뜻한 온기는 왓챠플레이의 구독 잔존율처럼 고객 재방문을 통해 디지털화되고, 더 나은 취향을 제안할 수 있게 된다.

단순함이란 궁극의 정교함이다

단순한 것은 본질적인 것이고, 본질적인 걸 뽑아내기 위해서는 많은 노력을 해야 한다. 화가도 그렇다. 성숙한 경지에 이르면 단순해진다.

단순해지기 위해서는 생각이 명료해야 하고 이를 위해서는 많은 노력이 필요하다. 하지만, 그 시점에 이르면 태산도 움직일 수 있는 힘이 생긴다.

창의와 혁신의 아이콘인 스티브 잡스는 "내 만트라 가운데 하나는 집중과 단순함이다. 단순함은 복잡한 것보다 어렵다. 생각을 명확하고 단순하게 하려면 더 많은 노력을 해야 한다. 하지만, 그럴 만한 가치는 충분하다. 일단 생각을 명확하고 단순하게 하면 산도 움직일 수 있다"라고 했다.

회사 생활하면서 가장 존경받고 같이 일하고 싶어 하는 상사는 주문이나 지시가 단순하고 명확한 사람이다. 한 가지를 지시하면서 세네 가지 이상을 언급하고 설명하는 것은 본질을 흐리고 업무의 범위를 집중시키기보다는 확장시킨다. 가장 유능한 직원은 최소의 분량으로 핵심만을 답하는 사람이다. 실제 현실은 상사의 스타일과 답변하는 사람의 그릇에 따라 책 한 권이 나오기도 한다. 각종 사진과 사례, 전례, 트렌드, 대안, 1안부터 많으면 3안까지 촘촘하고 빽빽하게 해야 완성이 아니라 무거운 시간의 힘에 의해 끝난다. 혹시라도 보고 시한이 늦춰지면 자동 연장되는 쓰라림을 겪게 된다.

스티브 잡스가 말한 산을 움직이게 하려면 과연 어느 정도의 명확함과 단순함이 요구될까? 자기 생각의 단순함은 본질 파악이 우선이다. 보고서 한 장도 많다. 넘치는 단 한마디로 자신의 정체성, 본질을 압축해야 한다. 자신의 모든 것을 함축적으로 담으면서 명확하게 표현해야 한다. 산을 움직이게 하는 힘은 산이 움직여도 내가 흔들리지 않는 것이다. 단순함을 위한 집중이 곧 본질로 향하는 것이다. 집중의 극대화는 몰입이다.

역사상 최고 과학자로 꼽히는 뉴턴도 '몰입'의 달인이었다. (…)
그는 "발명으로 가는 길은 부단한 노력에 있다. 끈질긴 집중이야말로 위대한 발견의 기초다. 나는 특별한 방법을 가진 것이 아니라, 단지 무엇에 대해 오랫동안 깊이 사고할 뿐이다. 굳센 인내와 노력 없이 천재가 된 사람은 아무도 없다"라고 했다. 즉, 오랫동안 깊이 사고하는 '몰입'이 그의 천재성의 근원이라는 것을 알 수 있다.[22]

4년간 준비한 올림픽 경기 선수들의 끈질긴 집중이 완벽한 몰입의 형태로 경기장에 나타난다. 승패를 떠나 그 자체로 아름답다고 느끼는 이유다. 몰입의 달인 뉴턴의 끝까지 파헤치는 끈기와 집념은 발명이라는 가치를 만들어 낸다. 그 과정은 단순화하지 않으면 어렵고 최고의 나를 찾는 여정이다. 최고의 나는 곧 '궁극의 나'요, 정교하게 다듬어진 단순함의 정수이다.

새로운 콘셉트는 한 컷의 이미지로 연상된다. 본질의 단순함과 진정한 정교함의 결합체이다. 단순한 콘셉트는 복잡한 콘텐츠를 필요로 하지 않는다. 올림픽 경기장 콘텐츠는 선수들의 최선의 기량을 발휘하는 콘셉트와 어울리지 않는다면 불필요하다. 콘셉트는 모든 콘텐츠에 녹아 들어가야 하고 이용하는 사람들이 그것을 만끽해야 한다. 산을 움직이는 힘은 사람을 움직이는 힘이다. 콘셉트의 마력이고 콘텐츠의 즐거운 일관성이다.

한 컷의 시각화는 단순화해야 가능하다. 현란한 퍼모먼스나 연출은 주인공인 고객을 위한 것이 아니면 낭비이자 부적합한 것이다. 동적인 콘셉트와 정적인 콘셉트는 조화롭게 매칭시켜야 한다. 핵심은 정적인 콘셉트이다. 움직임은 멈춤의 배경에서 유의미하다. 뉴턴이 말한 인고의 멈춤의 시간이 새로운 움직임을 발명한다. 멈춤은 움직임의 모체이다.

멈춤은 집중과 몰입의 전제이다. 지난 5월 12일 경기에서 류현진의 8회 노히트 게임이 무산되었을 때 다저스 스타디움 관중의 기립 박수는 멈춤의 핵심을 더욱 빛나게 했다. 누가 주인공인지 명확했고, 멈춤이라는 단순한 콘셉트 또한 매우 정교했다. 이것이야말로 산을 움직이게 하는 명확한 단순함이다. 멈춤의 노벨상감이다. 중계 영상도 그 순간 멈춰 버릴 듯이 소름 돋는다. 주인공과 관중 모두 기막힌 체험을 한 것이다. 평생 잊히지 않을 추억을 함께했다. 그전 4월 9일 경기 2회에 부상 때문에 스스로 마운드를 내려왔던 결단은 빼어난 정체성과 단순함이 없으면 어려운 결단이다. 상대에게 2루타를 맞은 노히트 게임에 대한 관중들의 멈춤은 2회에 스스로 진단한 멈춤에서 비롯되었다고 할 수 있다. 4월의 멈춤은 더 깊고 큰 성장을 하게 되는 단순 명확한 동기로 작용한 것이다. 투수들이 투구 모션을 취하기 전에 멈추는 것과 류현진의 멈춤은 일맥상통한다. 궁극적인 전략인 멈춤은 더 깊은 몰입을 위한 최고의 실행이다.[23] 본질과 정체성은 항상 화려하지 않다는 방증이다. 콘셉트의 단순함은 류현진과 올림픽 경기 선수처럼 다시 도전하는 지속 가능성이다. 뉴턴의 몰입과 스티브 잡스의 만트라의 가치도 지속적인 궁극의 정교함에서 이루어졌다.

레오나르도 다 빈치가 역설한 "단순함은 궁극의 정교함이다"라는 말은 집중과 몰입을 위한 것이다. 쉽고 편한 것은 어렵고 힘든 불편한 과정을 거쳐야 나올 수 있다. 단순의 극강이 정교함을 불러온다. 새하얀 도화지에 검고 작은 점 하나만을 찍는 사람과 새까만 도화지에 검고 작은 점 하나만을 남기는 사람의 차이가 곧 궁극의 정교함이다. 완벽한 단순함은 없다. 완성되어 가는 것이다.

"완벽하다는 것은 무엇 하나 덧붙일 수 없는 상태가 아니라, 더 이상 뺄 것이 없을 때 이루어지는 것이다."

- 생 텍쥐페리

단순 반복할 수 있는 것으로 승부하라

"있을 때 잘하라는 말이 왜 이렇게 자꾸 생각나는지 모르겠네. 맨날 투정만 부리고 무관심하게 지낸 세월이 혼자 남으니 가슴이 시리도록 미어지네. 좋아하는 것, 맛있는 것 하나라도 함께 할 것을 마냥 같이 있을 줄 알고, 그만… 바보같이 영감이 떠나니 못다 한 말이 입안에서 맴돌고, 여행가고 싶었던 곳도 혼자 무심코 생각만 하고, 후회만 남네." 영등포 전통 시장에서 한 주부의 넋두리다.

평생의 동반자였던 아내나 남편을 먼저 떠나보낸 데 따른 슬픔은 이루 말할 수 없다. 그 슬픔을 못 이긴 나머지 홀로 된 배우자 중 상당수가 남은 삶을 우울감에 시달리며 보내곤 한다.

그런데 이렇게 배우자를 잃고 난 후의 우울감을 한국인이 유독 심하게 겪고, 그 기간도 오래간다는 연구 결과가 나와 주목된다. 미국, 영국, 중국, 유럽 등지와 비교할 때 우울감 증가폭은 최대 2.6배 차이를 보였다. 미국 미시건대 연구팀이 55세 이상 고령자 2만 6천 835명을 대상으로 배우자 사별 후의 우울 정도를 분석한 결과 이같이 나타났다고 미국 노인학저널에 밝혔다.

한국인의 결과는 여성은 사별한 지 1년이 지나기 전에 신체적, 정서적 우울이 최고 수준으로 높아졌다가 점차 안정세를 되찾아가지만, 남성은 2년 후에 우울감이 최고치를 보인 이후에 이런 감정이 가라앉지 않는 특징을 보였다. 이처럼 우울감에 영향을 주는 요인은 가족의 역할 차이가 가장 컸다고 연구팀은 분석했다.

또 다른 연구에 따르면 배우자를 잃은 슬픔이 6개월 동안 사망 위험을 40% 상승시킨다는 결과도 나와 있다. 평생을 같이 살아 온 반려자가 없는 빈자리의 허전함은 당해 보지 않고서는 잘 모를 것이다. 특히, 우리나라 사람들이 더 심한 원인을 무엇일까? 아마도 감정 표현이 익숙지 않은 문화로 인해 후회가 더 클 것이다. 예로부터 절제의 미덕과 체면을 중시하는 유교적인 전통의 영향이 크다고 본다. 감정을 표현하는 것은 상당히 은밀하고 함축적인 방식이었다. 남녀칠세부동석이나 가부장적 문화로 인해 여자는 겸상도 못하는 옛 문화적 기류가 이제는 거의 없다고 할 수 있다.

우울감 연구 결과에서 나왔듯이 우울감의 주요 요인은 가족의 역할에 있다. 그중 남편이자 아버지의 역할이 가장 중요하다는 것은 아직

왜 저 사람은
나보다 잘 팔까?

유효하다고 본다. 자신을 표현하는 기회가 적고 표현 방식의 기교가 매우 서툴다. 감성과 정서의 메마름이 주된 요인이다. 게다가 성장 과정 동안 전통 문화에서 자유롭지 못했다는 것도 영향을 미쳤다.

하루 일과의 시작부터 아침 인사를 나눌 겨를이 없다. 정다운 인사는커녕 형식적인 인사도 드물다. 소중한 새로운 하루를 함께 맞이하는 가족에 대한 감사의 느낌은 다른 나라 이야기다. 함께하는 가족과 사랑을 나누지 못하고는 진정한 본질을 찾아 발휘하기 어렵다. 표현의 역사가 관계이고 스토리다. 말 한마디, 짧은 인사말, 관심과 칭찬, 응원의 메시지 등 단순하지만 중요한 되풀이되어야 할 표현이다. 아이들과의 스킨십은 몇 마디의 말보다 훨씬 효과적이다.

우리 인생은 단순하고 반복적인 일상으로 점철되어 왔다. 지금도 일상의 한편에 머물고 있다. 고요하고 적막한 감성의 바다에 종이배를 띄워 보고 하늘 높이 종이학도 날려 보자. 곁에 있는 배우자에게 틈틈이 사랑의 표현을 아끼지 말아야 한다. 잡을 수 없는 인생, 함께 가는 게 최선이다. 적극적으로 표현하면서. 어른들은 항상 자식들에게 물어보는 것이 있다. "밥 먹었냐?"이다. 어떻게 먹었는지까지 가족들과 얘기하자.

표현은 하면 할수록 늘고 밝아지고 탄력이 생긴다. 콘셉트와 콘텐츠 모두 표현의 일환이다. 일상에서 낯선 표현이 비즈니스에서 갑자기 날

개를 달기 어렵다. 더구나 잘 모르는 누군가를 위한 콘셉트를 제안해야 할 처지다. 각종 SNS, 블로그 등 세상이 자기를 감추기보다는 적극적으로 표현하는 시대이다. 하나라도 더 자신을 알리려고 혈안이다. 상대인 고객도 마찬가지다. 적극적인 표현이 익숙한 사람은 그런 사람을 금방 알아본다. 또한 내용물이나 대상을 보는 직관력도 뛰어나다. 반복의 힘이다. 오랫동안 반복되는 것은 단순한 것이다. 군더더기가 아닌 것만이 반복된다. 마라톤 선수에게 마지막 남는 것은 끈기와 가장 가벼운 유니폼, 그리고 자신뿐이다.

부산 이기대공원 입구에 있는 '소문난 팥빙수'를 다녀왔다. 25년 전통의 팥빙수 전문점이다. 무려 3년 동안 오로지 팥만을 연구한 주인은 최고의 맛을 찾아내기에 이르렀다.

재료는 매우 간단하다. 우유, 얼음, 그리고 팥 듬뿍이다. 팥은 대팥과 중팥을 섞어 사용해서 식감을 높이고 있다. 팥을 삶을 때 6년가량 간수를 뺀 소금을 첨가한다. 팥은 큰 가마솥에서 3~4시간 넘게 열심히 저어 줘야 한다. 그런데 그 열기가 무려 50도를 상회하여 땀으로 목욕을 하게 된다. 특히, 설탕이 들어가기 때문에 바닥에 눌어붙지 않도록 주의를 더 기울이면서 저어야 한다. 이렇게 방부제 사용하지 않고 매일 집에서 팥을 삶는다.

가격도 너무 착하다. 박리다매 콘셉트의 착한 가격 3천 원이다. 두 가지 대표 메뉴 중 하나인 단팥죽 가격도 3천 원이다. 반찬도 없이 오직 맛있는 단팥죽만 나온다. 단순한 메뉴와 더불어 가게 내부 청결 상

106

태는 어디 하나 흠잡을 곳 없을 정도로 깨끗하고 정갈했다.

이 가게의 인기는 여기서 멈추지 않는다. 찾아가는 팥빙수를 도입하고 있다. 좌석이 협소해서 이용하는 고객들이 기다리다 지쳐 돌아가는 문제점을 포장 판매와 배달 서비스로 해결하고 있다. 그래서인지 팥빙수 만드는 공간도 가게 입구에 위치하고 있어 포장 고객의 편의를 제고하고 있다. 포장 판매용 팥빙수는 일명 거꾸로 포장법을 사용한다. 얼음을 맨 나중에 올려 시원함을 더 오래 유지시켜 준다.[24]

팥빙수와 단팥죽으로 다른 특별한 토핑이나 화려한 비주얼 없이 단순한 콘셉트의 가성비로 포장, 배달까지 해주는 편리한 콘텐츠를 제공하고 있다. 팥을 만드는 과정이 본질이라면, 다른 토핑이나 메뉴를 추가하지 않는 것이 단순 반복을 가능하게 하고 있다. 즉, 메뉴의 단순함과 운영의 단순함까지 연출하고 있다. 모든 것을 표현하지 않고 오직 '팥'으로만 승부를 하고 있다.

셀프 서비스가 대표적인 단순 반복 콘텐츠이다. 요즘처럼 키오스크나 디지털 서비스가 성행하는 트렌드에서 적절히 수용할 필요가 있다. 핵심은 사용자 편의 중심으로 검토되어야 한다는 것이다. 작업자 운영 효율 중심으로 흘러가게 되면 고객은 더 불편해지고 작업자는 편해지는 우를 범하게 될 수 있다.

고객의 관여도가 체험 수준이다. 그것은 흥미롭고 이채로워야 한다. 고객이 익숙해진 단순함은 상관없겠지만 낯선 체험은 최소한 고객에게 이로운 것이어야 한다. 무인 판매는 질문과 설명이 필요 없는 시스템이다. 그렇지 않으면 유인으로 바꿔야 한다. 단순하지 않고 반복하기 어려운 것이기 때문이다.

팥빙수 가게 좌석의 한계를 포장 판매와 배달 서비스로 극복하고 있다. 고객의 관여도는 전화 한 통이나 테이크 아웃하는 수고만큼의 체험이다. 철저히 사용자 편의 중심이다. 고객은 당연히 반복적으로 이용할 것이다. 포장 판매, 배달 서비스는 매일같이 반복되는 고객과의 표현이고 소통이다. 자리에 앉아 있는 고객에게 고객 사랑을 퍼포먼스하는 것이다. 자리에 있을 때 잘할걸 후회된다는 영등포 주부의 말이 팥빙수에 토핑되었다.

나만의 스타일로 네이밍하라

어느 심리학자가 공사 현장에서 흥미로운 한 인부를 발견했다. 모든 인부들이 바퀴 2개짜리 수레를 쳐다보면서 손잡이로 밀고 가는데, 딱 한 인부만 앞에서 수레를 끌고 갔다. 심리학자는 다른 행동을 하는 그에게 이유를 물었다.

"다른 사람들은 모두 수레를 보면서 밀고 가는데 어째서 당신만 끌고 갑니까?"

그러자 인부는 별 이상한 것을 다 물어본다는 표정으로 퉁명스럽게 말했다.

"수레를 하도 밀고 다니다 보니 꼴 보기 싫어서 그렇네요."

심리학자는 순간 뒤통수를 맞은 기분이었다. 수레를 밀고 가는 사람은 평생 수레만 봐야 하지만, 수레를 끌고 가는 사람은 하늘과 땅, 세상을 볼 수 있다는….

내 삶의 주인공은 바로 나 자신인데….

앞만 보고 사는 인생이다. 옆이나 주변을 쳐다볼 겨를이 별로 없다. 앞에 보이는 것도 무심코 흘려보내고 손바닥만 한 화면에 무뚝뚝하고 메마른 가슴을 기댄다. 나만의 시간을 보내는 가장 흔한 모습이다. 시간 속에 내가 어딘가에 머물지 못하고 계속 헤매는 것이 안타깝다. 무료함과 새로움을 동시에 적절히 달래 주는 가냘픈 손가락 지휘봉이다. 웬만해서 그 지휘봉은 옆이나 뒤를 향하지 않는다.

수레를 미는 것과 끄는 것의 차이가 세상에 끌려가느냐 끌고 가느냐의 차이다. 끌고 가는 것은 다분히 주도적인 코스로 이어질 것이다. 끌려가는 것은 굳이 멀리 볼 필요 없이 앞에서 멈추면 멈추고 다시 출발하면 밀면 된다. 끄는 사람은 수레 손잡이를 놓지 못한다. 뒤에 미는 사람과 수레에 실린 내용물이 급경사나 급회전에도 안전하게 건너가야 하기 때문이다.

서울 북쪽에 나즈막하지만 전망이 훌륭한 불암산이 있다. 가끔씩 가는 산인데 산 입구에 급경사길이 꽤 길게 뻗어 있다. 약 45도 정도 되는 인근 절과 연결되는 포장된 도로다. 산을 다니다 보면 하산길이 무릎에 부담이 더 많다는 걸 알게 된다. 특히 급경사길은 더 그렇다. 그래서, 그 즈음 오면 나는 뒤로 걸어서 내려온다. 산 입구 쪽에 등을 향하고 급경사길과 산 중턱 위를 바라보며 반대로 걷는 것이다. 오르내리는 등산 코스 중 나만의 특별한 체험 공간이다. 살면서 뒤로 전진하는 유일한 코스이다. 그 길은 뒤로 가는 불암산 길을 뜻하는 '후불로'라고 나는 명명했다.

수레를 끌고 가지 않고 밀고 가면서 내 앞에 펼쳐진 울창한 숲과 드높은 하늘을 볼 수 있는 후불로다. 나만의 방식으로 길을 바라보고 거닐고, 나만의 네이밍을 한 것이다. 불편을 특별한 체험으로 바꿨다. 수레를 끌어야 하는 건 단지 멋진 세상을 바라볼 수 있기 때문만은 아니다. 자신의 스타일대로 수레를 끌고 갈 수 있고 눈앞의 것들을 가장 먼저 볼 수 있기 때문이다.

스마트폰과 내비게이션 덕분에 많은 편리함을 누린다. 실시간으로 세상과 함께 살아갈 수 있고, 세계 어느 나라를 가도 친절하게 길 안내를 받을 수 있다. 신속한 정보 제공, 실시간 소통으로 시간 절약, 경비 절감 등 장점이 많다. 단점도 있다. 대표적인 단점은 기억과 추억이 반감된다는 점이다. 아날로그적인 감성이 깊이 배어나지 않는 사진과 영상이 넘쳐난다. 편한 만큼 특별한 기억이 적다. 애틋한 에피소드나 힘들게 고생한 경험이 줄어든다. 자연을 있는 그대로 만끽할 시간이 줄고 검증된 일반화된 제안을 섭취한다. 특별한 맛이 수많은 후기로 객관화된 것이다. 수레를 끌었을 때 가장 먼저 세상을 볼 수 있는 장점이다. 모험심과 도전 정신, 내가 선택한 이유 등을 통해 나의 스타일을 정확히 알게 된다. 길을 잃어 방황하고 주변 사람들에게 물어보는 소통의 과정이 경험이고 추억이다. 또 다시 비슷한 시행착오를 하지 않는 좋은 방법도 수레를 끌고 가는 것이다. 나를 찾기 위한 과정이기에 나를 믿는 용기가 필요하다. 수레를 끌면 끌수록 가장 쉽고 편안한 길도 찾게 된다.

객관화된 데이터에 익숙해져 있는 스타일은 디지털 의존도가 심화된다. 감성이 무뎌지고 이성적인 판단과 검증된 프레임에서 디자인한다. 자신의 것은 물론 디자인 자체의 고유의 의미도 무너진다. 콘셉트나 콘텐츠는 찾는 것이 아니라 만드는 것이다. 자기만의 정체성과 스타일로 세상에 당당하게 보일 수 있는 자긍심이 기반이다. 자기 자신을 잃지 않는 방법은 자주 자신을 전면에 내세워야 한다. 스마트폰과 내비게이션은 지원자 역할로 족해야 한다. 심도 있는 분석 대상 중 하나일 뿐이다. 즉, 시장의 일부이다. 절대적인 것은 없다. 자기 자신을 특화시켜라. 부족하면 부족한 대로 수레를 끌어야 한다.

'성능 좋은 라이터', '생명을 구해 준 라이터'. 지포 라이터를 이야기한다. 베트남전에서 적군의 총알을 맞고도 미군 중사의 생명을 구해 준 스토리로 무장했다. 누구도 반감 없이 쉽게 이해할 수 있는 이야기다. 생사의 갈림길인 전쟁터에서 생명을 지켜 준 게 옆에 있는 동료 병사가 아닌 라이터라는 것이 희소성이다. 게다가 희소성의 가치는 생명이다. 미군 중사의 스토리뿐만 아니라 경매장에 나온 베트남전 지포 라이터 280여 개의 스토리까지 궁금해진다. 라이터에 새겨 넣은 유언 같은 글이 그 군인들의 특별한 경험을 알려 준다. 목숨을 걸고 자기 자신과 나라를 지키려는 충성심을 더 밝게 비추어 주는 스포트라이트 같은 지포 라이터이다.

'지포'라는 이름은 옷에 사용되는 지퍼에서 따온 의외로 단순한 것이다. 기존 라이터에서 자주 분실되는 뚜껑의 문제점을 경첩을 달아 해결한 라이터이다. 잠그는 지퍼를 응용해 뚜껑과 몸체를 연결한 지포이다. 뚜껑을 보호하려 한 취지가 생명을 보호한 것이다.

자신의 일상과 경험에 스토리는 무궁무진하다. 늦둥이 딸의 작명소에서 지어 준 후보 이름 중 하나가 조카 이름과 같았다. 성은 다르지만 이름이 같은 상황이었다. 지어 준 두 개의 이름 중에 하나를 골라야 했다. 한참을 고민한 끝에 조카와 같지만, 부르기 쉬운 이름을 선택했다. 의미보다는 부르기 위한 본연의 기능을 우선한 선택이었다.

스타벅스 예약 고객은 닉네임을 사용한다. 개인의 프라이버시 보호와 브랜드의 정체성이 가미된 닉네임이다. 고객은 약간의 재미도 느낀다. 또 다른 자기 이름이기에. 자기만을 상징하는 이름은 스타벅스만 알기 때문에 서로 긴밀한 유대 관계가 형성된다.

네이밍은 다양하지만 자기만의 것은 오직 하나다. 유일한 것은 존재의 가치가 있다. 나만의 유일함이 브랜드이자 이름이다. 나의 수레를 끌고 가는 이름이다. 자신을 표현하고 상징하는 이름은 자신만의 스타일로 만들어야 제멋이 난다. 완벽보다는 흥미로움이 낫다.

PART 3

한 번 가면
잊히지 않는
가게가 되는
7가지 법칙

진열 상품은 먹기 전에 이미 맛있어야 한다

먹기 전에 이미 맛있게 펄펄 끓는 아이스크림이 있다.

히말라야 능선 위 해발 2,134미터에 위치한 카페에서 보니 탁 트인 북쪽으로 칸첸중가가 빛나고 있었다. (…)

"달궈진 불판 위에 나오는 스테이크처럼 아이스크림이 지글지글 연기를 내며 불판 위에서 끓고 있었다. 뜨거운 불판 위에 초코 케이크를 놓고 그 위에 아이스크림을 올린 뒤 초코 시럽을 둘렀다. 아이스크림이 조금씩 녹으면서 빵 위로 흘러내렸고, 촉촉하고 따뜻한 빵 위에 아이스크림을 올려 먹는 맛이 기가 막혔다. 히말라야 능선에서 설산을 보면서 먹는 아이스크림 맛은 최고였다.[25]

아이스크림에 뜨거운 에스프레소를 끼얹어 먹는 경우는 있지만 불판에 담겨 나오는 아이스크림은 신기할 뿐이다. 살아있는 음식은 표현하기 쉽고 맛을 눈으로 느끼게 되는 것 같은 착각에 빠지게 된다. 펄펄 끓는 아이스크림이나 펄떡이는 물고기, 컬러풀하고 싱싱한 과일 파르페 등 눈을 즐겁게 해 주는 음식이 많다. 요즘 음식은 비주얼이 가치를 상징한다고 해도 과언이 아닐 만큼 형형색색 자태를 뽐낸다. 만지기라도 하면 톡 터져 버릴 듯한 아슬아슬함도 연출한다. 사람의 눈을 순식간에 빨아들이는 엄청난 마법이다. 베이커리, 디저트류는 그야말로 매직 월드다. 조금만 한눈팔면 아쉬움이 남을 정도로 극장에서 영화 보듯이 집중한다. 더 이상 인내심의 한계가 오면 행여 다칠세라 조심조심 블록게임 하듯이 먹는다. 한 스푼 한 스푼이 감동의 도가니다. 스마트폰 카메라는 이미 맛에 취해 버렸다. 연인이나 친구끼리 속삭이며 먹기에 최고의 앙상블이다. 순간순간 긴장을 늦출 수 없는 이유는 먹으면 먹을수록 새로운 모습을 계속 보여 주기 때문이다.

1600년대 유럽 최초의 커피하우스에서 이름을 딴 블루보틀의 커피는 기다리는 커피다. (…) 주문과 함께 커피머신에서 한 잔 뚝딱 나오는 커피와 달리 블루보틀의 커피는 한 방울씩 똑똑 떨어진다. (…)

블루보틀 매장은 기본적으로 노 와이파이(No WiFi), 노 컴퓨터(No PC) 정책을 고수한다. 휴대폰은 내려놓고 온전히 커피 맛을 즐기라는 의도와 함께 바리스타와의 대화를 유도하기 위한 장치다.[26]

무인 판매 시스템처럼 직원과 고객의 대화가 없으면 서로 기억하기 쉽지 않다. 소통하게 되면 맛이 떨어지거나 연출이 모자라더라도 얼마든지 고객의 니즈를 반영할 수 있다. 각 매장의 연출은 고객을 향한 유형의 제안이자 메시지다. 블루보틀의 커피에 집중하고 서로의 니즈를 존중해 주려는 미니멀 매장 구조는 노 와이파이, 노 컴퓨터로 집약된다. 고객은 당황스러울 것이다. 그러나, 차츰 본질을 느끼면 매료되기 십상이다. 낯설고 설레는 경험이기 때문이다. 오로지 커피와 바리스타와의 소통에 집중하는 자신이 미니멀리즘에 흠뻑 젖고 만다. 산꼭대기까지 터지는 와이파이 천국 대한민국에서 대단한 실험이다. 기다림의 드립 커피는 이미 한 방울씩 똑똑 고객의 가슴을 적시고 있는 것이다.

기다림의 시간은 신뢰의 콘텐츠다. 의미 있는 기다림은 당연히 매료된다. 짧지 않은 시간 동안 기다림 끝에 만난 선택은 헤어질 시간을 미리 걱정한다. 연애할 때 애인과 데이트 시간처럼. 기다림의 가치는 노 와이파이, 노 컴퓨터 콘셉트의 아날로그 감성을 충족시킨다. 성질 급한 우리나라 사람들에게 진정한 커피를 선물하고 있다. 스토리텔링은 자연스럽게 이루어지고 차곡차곡 쌓여 간다. 고객만이 아닌 직원과 주인 모두의 쌍방향 스토리텔링이기에 훨씬 풍미가 진하다. 서로의 이름을 부르고 기억하면 소통의 폭과 깊이가 한 권의 책이 된다. 장사의 매력이다.

다른 사람을 배려하는 것은 아름다운 일이다. 마음이 풍요로운 사람이 많이 할 수 있는 일이다. 그러나, 그것이 당신이 전혀 빛나지 않는 것을 의미한다면 전혀 아름답지 않다. 일방적인 배려는 지속성이 높을 수 없다. 먹기 전에 맛있는 것도 상호 신뢰가 바탕이 되었기 때문이다. 진열과 연출은 배려의 중요한 요소이다.

한 쪽에서 제공한 배려가 다른 쪽에서 취하지 않으면 의미 없는 것이다. 혼자서 짝사랑한 격이다. 비즈니스에서는 결코 바람직하지 않다. 진열은 고객의 선택을 용이하게 하기 위한 것이다.

백화점 오픈 시간 10시 30분에 맞춰 기다렸다가 입장하는 고객은 적지 않다. 그런데, 오전부터 식품 매장에서 음식을 취식하고자 하는 고객은 드물다. 그럼에도 전 직원은 각자의 매장에서 상품을 준비해서 진열하고 판매하려고 열심이다. 안타까운 점이 한 가지 있다. 그 시간대 고객의 특징 중 하나는 사람 적을 때 여유롭게 쇼핑을 즐기려 하는 성향이 있다. 판매하려는 직원은 많으나 완벽한 진열과 연출은 거의 1시간 정도 경과해야 이루어진다. 가장 큰 이유는 로스율 때문이다. 관객 없는 영화 상영과 비슷할 수 있다.

목적 구매 고객은 진열되지 않은 원하는 상품을 주문하고 기다리면 된다. 충동 구매 고객이나 기타 고객에 대해서는 진열 로스 걱정으로 인한 판매 로스가 발생하게 된다. 오후 늦게 폐점 임박 1시간 전도 비슷한 상황이 연출된다. 각 브랜드마다 기준도 차이가 있고, 직원들과 주인 마인드에 영향을 많이 받는다.

요즘 기술 발달로 진짜보다 가짜가 더 훌륭한 비주얼로 제작된 작품들이 많이 나온다. 종류도 다양하고 가격대도 편차가 크다. 외곽 점포의 경우 오픈 시점에 실제 매장 진열 쇼케이스에는 대표 품목의 절반 정도밖에 없는 게 일반적이다. 이것은 고객 입장에서 보면 설명과 설득이 안 되는 비주얼이다. 한마디로 어처구니없다고 할 수도 있다. 직원들이 더 가엾다. 실제 현장에서 고객을 응대하고 준비하는 입장에서 마음 한편이 불편하고 당당하지 못하게 된다. 아침부터 찾아온 고객한테 부끄러운 모습을 보이려고 일찍 출근해서 오픈 준비를 한 게 아니라는 생각이 들 수 있다.

상품 모형을 활용해서라도 전체 매장 진열과 연출을 극대화해야 한다. 일부 진열 소품도 적극 활용할 수 있다. 핵심은 취급 상품 진열은 모두 되어야 한다는 것이다. 오픈의 본질을 절대 가볍게 판단해서는 안 된다. 고객 지향적으로 시작과 끝을 명확히 해야 한다. 즉흥적인 구멍가게가 아니다. 항상 가치를 가장 품격 있게 제공하기 위함이다. 직원의 고객에 대한 배려는 직원부터 만족시킨다.

눈이 반가우면 혀는 마비된다

"밤하늘의 은하수를 본 적 있나요?"

어렸을 때는 동네 어디에서도 밤하늘의 은하수를 볼 수 있었다. 은하수를 보면서 신비로움은 만끽했지만 소중함은 미처 몰랐다. 예향의 도시 빛고을 광주 끝자락에 살았던 동심은 마냥 자연을 즐기고 누리기 바빴다.

서울 생활과 미세 먼지에 지친 영혼은 어느 날 뜻밖의 색다른 경험을 했다. 원고를 쓰는 지금의 딱 1년 전 7월 중순 체온보다 더 무더운 날 설악산 대청봉을 처음으로 도전했다. 그것도 당일치기로. 한계령에서 대청봉 정상 찍고 오색으로 내려오는 코스였다. 대청봉에서 바라본 절경은 아직도 잊을 수 없을 만큼 환상이었다. 게다가 1,708미터 정상에서 한복 입은 선녀가 피리 부는 모습(마침 모델 촬영 중이었다)을 볼 줄은 꿈에도 몰랐다. 용케 무사히 등반을 마치고 오색 온천에서 피곤한 육신을 녹이고 나온 밤 10시경. 청정 흑색 도화지에 초롱초롱 빛나는 은하수 때문에 자동차 라이트는 자연스럽게 꺼지고 만다. 어둡고 캄캄한 깊은 산골짜기에 은하수와 나만의 공간이다. 어언 40여 년 만에 재회한 은하수에 그날의 피로는 순식간에 사라졌다. 중청 대피소에서 만난 여성 산악인이 왜 산에서 밤을 지새우는지 새삼 깨달았다. 그때 같이 간 형님에게 꼭 하늘과 가까운 곳에서 은하수를 제대로 보러 가자고 약속했다.

결국 11월 3일 사고를 친다. 더 미루다간 춥고 해를 넘길 수도 있을 것 같아 부랴부랴 대한민국 최초 국립공원 지리산 천왕봉 1박 2일 산행을 내 인생 처음으로 떠난다. 중산리로 출발해 장터목 대피소에서 석양과 은하수를 감상하고 천왕봉에서 일출을 보는 코스였다. 장터목에서 바라본 석양은 무거운 가방에 짓눌린 어깨를 풀어 줬고 우연히 만난 김해에서 온 부부와 함께 먹은 잡탕찌개는 황홀했다. 저녁 식사를 마친 9시경 여행스케치의 「별이 진다네」음악을 감상하며 1,750미터에서 우주선을 타고 은하수 세계에 깊숙이 빨려 들어갔다. 평생 간직할 장관을 위한 음악으로 최고였다. 다음 날 새벽 천왕봉(1,915미터) 일출은 운무에 살짝 가린 해님의 다시 오라는 리콜 초청장으로 갈음했다. 3대가 덕을 덜 쌓았기 때문이다.

많은 사람들이 산을 찾는 이유는 무엇일까?
일상에서 볼 수 없는 상상하지 못하는 자연만의 아름다움을 감상하기 위해 뚜벅뚜벅 한 걸음 한 걸음 향한다. 눈으로 경험하는 최고의 비주얼은 자연보다 더 뛰어난 게 없을 것이다. 자연이 위대한 이유는 상상을 초월하는 것이다. 결코 어제와 다른 오늘의 모습이면서 정체성을 유지한다. 아침과 저녁이 다르고 봄, 여름, 가을, 겨울 각각의 고유한 멋을 뽐낸다. 아니 인간에게 선물한다. 다양한 오감오색을 선물한다. 하나로는 화려하지 않으면서 어우러져 아름다움을 연출하는 하모니는 인간이 흉내 낼 수 없는 것이다. 감명과 감탄은 비경만큼 비색에서 비롯된다. 계곡에 비춰진 녹음은 새들의 울창한 메아리까지 그려낸다.

감탄사는 감정의 표현이다. 좋다, 달다, 기쁘다, 아프다, 맛있다, 반갑다, 놀랍다 등 매우 다양한 감정이다. 표현의 방식은 표정이나 말이 가장 빠르다. 느낌은 시각만큼 빠른 것은 없다. 특히 절경이나 살아 있는 음식의 흡입력은 다른 생각을 차단시켜 버린다. 하나의 자극이 다른 기능을 마비시킬 수 있다는 것이다. 정신을 잃어버릴 정도의 황홀함을 경험하곤 한다. 일명 카타르시스 느낌처럼. 무언가로 인해 자기도 모르게 무장 해제되는 것이다. 한 편의 영화가 될 수도 있고, 감동의 편지 한 통이 될 수도 있고, 어머니 손맛의 구수한 된장찌개가 될 수도 있다.

사람이 간절하고 강력한 하나에 집중하면 나머지는 자연스럽게 페이드 아웃(Fade Out)된다. 동시에 주기능을 두 가지 이상 수행하기 어렵다는 것이다. 의식이나 감각이 수반되는 경우에 그렇다. 설악산 대청봉에서 백두대간의 웅장한 산맥과 능선, 확 트인 전망에 비춰진 동해 바다를 보면서 다른 생각을 할 틈은 없다. 불가능한 일이다. 이 맛에 산을 찾는다고 한다. 강력한 하나, 낯선 하나가 시선을 장악한다. 동시에 두 개로 분산될 만한 것은 결코 집중과 마비에 연결되지 않는다. 따라서 가장 먼저 시선을 장악하는 것이 중요하다. 상상을 초월하든지, 자기만의 경험을 연상시키든지 등의 특별함이 절대적이다. 천왕봉의 일출이 정동진의 일출과 다른 가장 큰 차이점은 1,915미터의 높이에 있다. 그 높이 이상의 경험과 추억, 깨달음이 3대가 쌓아야 할 덕인지 모른다.

공감은 이질적인 세상에서 돋보이게 된다. 개인화 추세로 바뀌는 세상에 나를 알아주고 나의 취향을 존중해 주면 공감은 형성된다. 사랑도 우정도 동료 의식도 공동체 의식도 공감에서 이루어진다. 우연한 공감이 파급력이 강하다. 서프라이즈 이벤트가 그 좋은 예이다. 예상되는 표현과 연출은 자연의 연출과 급이 다르다. 스쳐 가는 인연에 불과하다.

음식에도 색깔과 향기가 중요하다. 음식의 신선함은 막 조리가 시작되기 직전에 절정이어야 한다. 기대와 설렘, 흥분의 도가니로 빠트릴 만큼 살아 있는 싱싱함이 선명해야 하고 환상적인 어우러짐이 수반되어야 한다. 시각과 후각, 청각의 과정을 거친 후 미각에 다다른다. 이것은 평범한 일상적인 코스이다. 임팩트 강한 시각적인 효과는 평범한 흐름을 거부하고 전신을 얼음 덩어리로 만들고 만다.

　메뉴 북은 다양한 형태로 진화하고 있다. 책자형이나 태블릿형이 일반적인 데 반해 빔 프로젝트를 활용하는 룸 형태의 한우 전문점이 여의도에 하나 있다. 처음 가는 고객 대부분은 "메뉴판 없어요?"라고 질문하고 놀라운 탄성을 지르고 만다. 갑자기 어두워진 조명 아래 한쪽 벽면에 메뉴 화면이 등장한다. 고객 수만큼의 메뉴 북을 제공하는 번거로움을 줄이고 테이블 공간의 효율을 증진하기도 한다. 또한 동석한 고객이 동시에 메뉴를 확인하고 선택하는 색다른 경험을 하게 된다. 맞춤형 서프라이즈 이벤트도 가능한 방식이다. 마시고 싶은 주류는 얼마든지 반입이 허용되어 젊은이들에게 꽤 인기가 높은 가게이다. 와인이나 양주 등 다양한 고객의 기호를 수용하기 어려운 문제를 개방형 방식으로 접근해서 특별한 체험의 기회를 제공하는 것이다. 상당히 트렌디하면서도 소풍 가는 어린 시절 추억의 느낌을 회상하게 된다.

　아이패드를 활용한 해외의 한 바(Bar) 이야기다. 혼자서 자주 즐길 수 있는 일반적인 바 콘셉트이다. 아이패드로 특별한 주문을 하는 방식이다. 술을 고르는 게 아니라 지금 술 마시고 싶은 요인과 고객의 기본적인 취향을 간단한 선택형 질문에 아이패드로 답하는 것이다. 그러면 바텐더가 이 내용을 보고 적당한 술을 고객에게 제안하는 콘셉트이다. 고객의 취향과 이력 관리를 통해 더 정확하고 섬세한 콘텐츠를 제공할 수 있고 고정 고객 확보에도 도움이 된다.

단순하고 밋밋한 식당 벽면이 갑자기 서프라이즈 메시지로 변할 것이라는 상상은 쉽지 않다. 약간 고민스러운 메뉴 고르는 순간을 재미있는 소극장 콘셉트를 활용하여 고객을 무장 해제시킨다. 개인화되어 가는 주류 취향에 추억을 담아 주는 센스까지 대단히 감각적이다. 다음에 또 올 때의 소풍 계획까지 연결될 수 있다. 아이패드 형태의 주문 방식은 패밀리 레스토랑 등에서 많이 이용하고 있다. 단순한 메뉴 검색 기능이 대부분이다. 한층 업그레이드한 고객의 취향을 존중하는 콘셉트에 감탄사를 연발하게 된다. 세상 누구에게도 쉽게 털어놓기 힘든 자신의 기분과 취향을 자연스럽게 내려놓고 만다. 혼술 하러 갔으나 심리 상담사나 오래된 친구와 함께 마시는 느낌이 든다.

사람은 눈이 반가우면 자신도 모르게 즐거운 비명을 지른다. 오래된 친구를 몇십 년 만에 우연히 만났을 때나, 잃어버렸다고 생각하고 있던 소중한 추억의 선물을 발견했을 때처럼 말이다. 즐거운 비명은 미친 복종이다. 광팬은 이렇게 시작된다. 은하수의 신비로움과 벽면의 메뉴 화면, 나에 관한 아이패드 질문은 눈을 통한 자극이고 흥분제이다. 감각이 감격적인 상태에서 복종은 이루어진다. 모든 감각의 복종은 그 하나에 집중하라는 명령이다. 최소한 그 순간만큼은. 물아일체! 자연은 항상 선물을 주고 있다. 결코 똑같지 않은 모습으로 잊히지 않는 선물을 준다. 고객이 선물을 발견하면 당신은 자연이 된다.

독특한 체험은 중독성이 강하다

고객은 바쁘다. 특히 우수 고객과 브랜드 고정 고객은 많이 바쁘다. 백화점 직원과 우수 고객의 통화를 가정해 봤다.

> **백화점 직원:** 고객님, 안녕하세요? 잘 계시죠?
>
> **우수 고객:** 네, 그렇죠. 뭐… 어떤 일이세요?
>
> **백화점 직원:** 혹시 이번 달 25일에 시간 괜찮습니까? 무더운 날씨에 경치 좋고 시원한 복숭아 생산지에 가 기분 전환하실 수 있는 체험 이벤트를 진행하려 합니다. 경북 청도 복숭아 농장으로요.
>
> **우수 고객:** 네, 좋아요. 세부 일정과 계획은 따로 알려 줄 거죠?
>
> **백화점 직원:** 네, 인원, 차량, 체험 프로그램, 점심, 관광 등 세부 계획 알차게 준비해서 고객님께 연락드리겠습니다. 기대하셔도 좋습니다.
>
> **우수 고객:** 네, 알겠어요.

체험 마케팅을 중시하는 트렌드에 맞춰 백화점 등에서 고정 고객 초청 이벤트를 진행한다. 예전에는 정말 많았지만 요즘은 선별적으로 진행되는 추세이다. 그래도 인기가 높은 고객은 여기저기에서 러브콜이 적지 않다. 매출이 줄어드는 만큼 고정 고객에 대한 관리 필요성이 늘어난다. 개인부터 브랜드 단위에서 점포 단위, 회사 단위까지 고정 고객 확보·유지를 위해 안간힘을 기울인다. 그중 대표적인 것이 체험 마케팅이다. 관광버스를 렌트해서 우수 고객을 초청해 제철 식품 유명 산지나 히트 상품 제조 공장 등을 방문 견학하고 체험 프로그램까지 운영한다. 고객은 새로운 정보나 지식을 알게 됨은 물론 도시를 벗어나 하루 힐링의 시간을 갖게 된다. 백화점 입장에서는 고객 케어와 함께 새로운 체험 기회 제공 및 향후 매출 활성화를 도모한다.

조금씩 차이는 있지만 운영 프로그램의 틀은 비슷할 것이다. 고객에게 가장 중요한 체험을 생산지 현장에서 진행하여 효과가 나쁘지 않다. 신선 식품의 생산·유통 과정을 쉽게 이해하게 되고 그 지역의 맛집을 경험하고 가능하면 일부 관광도 진행된다. 안전 먹거리 생산 업체와 지역 특산물 생산지 홍보 효과도 있어서 고객은 그 상품과 업체에 대해 신뢰할 수 있게 된다. 제조·유통 과정의 위생 관리 상태와 HACCP 등 관리 기준 강화를 위해 노력하는 모습을 직접 눈으로 볼 수 있다는 것이 큰 장점이다.

개인적으로 방문하려면 쉽지 않은 경험이기에 고객도 대부분 흡족해

한다. 단, 이것이 몇 년째 반복되면서 회소성이 떨어져 간다. 개인들의 블로그나 매스컴의 맛집 탐방 등으로 특별함이 떨어졌다. 그래서, 고정 고객 관리는 다른 시장 요인까지 감안하면 훨씬 어려워졌다. 상당수의 우수 고객이 맛집은 조금 기다릴 수 있으나 다른 일반 상품에 대한 기다림에는 관대하지 않다. 은행의 우수 고객 전용 창구가 좋은 예이다. 고객 입장에서는 특별한 대접이라는 독특한 체험을 한 것이다. 그러나, 이 또한 대다수의 은행이 비슷하게 진행하고 있어서 산지 체험 프로그램과 같은 상황이다. 체험의 가치가 중요하게 대두되고 있다.

"마케팅의 유일한 목적은 바로 가치 있는 고객 체험을 창조하는 것, 그것이 훌륭한 비즈니스이다"라고 피터 드러커는 말했다.

100년 이상의 역사를 자랑하는 네덜란드의 녹색 하이네켄은 프리미엄 맥주를 상징한다. 매년 100만 명의 세계 각지 사람들에게 '하이네켄 Sensation 페스티벌'을 연다. 감성형 크리에이티브 콘셉트의 음악 퍼모먼스이다. 페스티벌 맥주라는 Identity를 강화하고 문화 경험에서 브랜드 경험으로 가치를 차별화한다.

하이네켄 U-Code 캠페인이 그것이다. 축제에 참여한 관객들이 자신의 메시지를 담은 QR코드를 직접 제작해서 프린트된 옷에 부착, 스캔하면 자신이 원하는 문장이 뜨는 것이다. 축제 참가자들끼리 흥미롭게 빨리 친해질 수 있는 관계 맺기 캠페인이다. 하이네켄이 전하려는 메시지는 'Open Your World'라는 맥주가 아닌 이미지다.[27]

하이네켄은 오프라인 네트워크를 확장하여 디지털로 연결시킬 방법을 모색한다. 오프라인에서 특별한 체험의 가치를 통해 자연스럽게 디지털로 중독성을 흡수하려 한다는 것이다. 오래된 역사만큼 잠재 가치도 크다. 독특한 음악 축제에 브랜드와 상품은 확실한 조연일 뿐이다. 국내 맥주 회사들이 벤치마킹할 만하다. 고객의 관여도를 흥미롭게 구성하고 주인공의 프라이드까지 제공했다. 100년이 100만 명을 아우르는 것이 당연하게 느껴진다.

새롭게 창조하는 고객 체험 가치는 일종의 참정권의 극대화일 것이다. 더 이상 관객이 아닌 주인공의 위치와 역할을 수행하는 적극적인 콘셉트이다. 차려진 밥상에 숟가락 얹히는 존재가 아닌 직접 자신의 콘셉트를 직접 창조할 수 있는 권한을 부여하는 것이다. 고객 참여형에서 고객 주도형 체험 기회를 제공해야 한다. 스스로 프로그램의 주제부터 소재까지 기획할 수 있는 콘텐츠를 다양하게 준비해야 한다. 개성과 취향이 각기 다른 고객들을 하나의 콘셉트에 아우르는 것은 인위적이기보다는 자연스러워야 한다.

고객이 직접 패션쇼 모델 역할을 주도적으로 수행하는 것은 매우 훌륭하다. 시니어 패션을 실버 고객이 소화하려는 노력 그 자체가 아름답고 지독한 추억이 된다. 어렸을 때 장기자랑이나 학창시절 학예회 등이 쉽게 잊히지 않는 이유다. 어떤 형태로든 특별한 가치를 제공하는 주인공이 고객이면 된다. 지금까지는 백화점이나 브랜드에서 또는 가게에서 머리 싸매고 고민해서 가치를 창출하려 노력했다. 왜 그랬을까? 하이네켄처럼 'Open Your World'에 숨겨진 의미인 'Do It Yourself' 메시지를 과감히 제안하지 못했을까? 고객을 우상처럼 받들고 섬기는 데만 급급했다. 주입식 교육과 상명하복 군사 문화의 영향일까. 안정된 틀 안에서 적당한 가치를 제공하는 보수적이고 사기중심적인 마인드의 결과이다.

궁극적으로 고객이 아닌 내가 백화점이나 가게의 주인이라는 편향적인 사고가 주원인이다. 나이키는 30여 년 전인 1988년 'Just Do It'을 강렬하게 이미지 메이킹하면서 급성장했다. 진정한 고객 사랑은 이제 더 이상 책상이 아닌 현장에서 퍼모먼스로 구현해야 한다. 고객이 주도하는 콘셉트가 어렵지만 가치 소구력이 강하고 지속 가능성이 높다. 시장 상황이 안 좋고 매출은 계속 부진하다. 힘들수록 획기적인 사고의 전환이 필요하다.

도쿄 진보초, 고서점과 출판사들이 즐비한 거리에 자리 12개의 작은 식당이 문을 열었다. 이 가게에 손님이 끊이지 않는 것은 독특한 시스템 덕분이다. 돈이 없어도 밥을 먹을 수 있고, 누군가를 위해 내 50분을 내어줄 수 있는 곳, 그날의 기분에 따라 맞춤 메뉴를 주문하고, 때론 다른 손님이 가져온 음료를 함께 나누는, 이상하지만 즐거운 식당.*28*

고객 주도형 콘셉트의 완결판인 미래식당이다. 비밀도 주인도 고객도 직원도 없다. 모두 하나의 공동체다. 규모는 전혀 중요하지 않다. 콘셉트와 콘텐츠의 명확성과 독특함이다. 고객이 매출을 신경 쓰고 회전율을 고민할 것 같다. 자기 집처럼 청소하고 재료 준비하고 요리하고 또 그것을 직접 먹는다. 게다가 공짜로. '주인처럼'이 아닌 주인이라고 말 안 해도 들어오는 손님이 주인이라 불러 주는 '공유 식당' 콘셉트이다. 콘셉트와 콘텐츠를 독특하게 고객과 공유하면 영원히 미래에도 함께하는 식당이 된다. 이 집기와 저 조명의 문제가 아니라 이 사람과 저 사람의 문제다. '관계를 공유'하는 것이다.

최고급 가치는 희소성이다

집 근처 지하철 역 바로 앞에 국내 브랜드 커피숍 하나가 공사를 시작한 지 1년여 만에 최근 오픈했다. 인근 사방 100미터 안에 커피숍이 5개 정도 있는데 가장 큰 규모로 또 하나가 오픈한 것이다. 인근 한 커피숍은 신규 오픈하는 이 커피숍에 대응하려고 리뉴얼 공사까지 했다. 정말 무한 경쟁이라는 것을 실감하게 된다. 고객 입장에서는 가장 현대식의 큰 규모의 커피숍이 오픈하여 선택의 폭이 넓어져서 좋을지 모르겠지만 당사자들은 피 말리는 전쟁터이다. 그런데, 이 새로 오픈한 커피숍도 얼마나 갈 수 있을까? 안에 들어가 보니 기존 매장과 다른 특별함은 고급스럽게 치장한 것밖에는 느끼질 못했다. 정체성의 차별화가 아닌 보편화, 일반화로 인해 이것도 저것도 아닌 애매하고 어설픈 콘셉트 같다. 새로운 매장에 대한 기대감은 고객만의 안타까운 사치인 느낌이다.

왜 저 사람은
나보다 잘 팔까?

시장의 타깃팅은 갈수록 세분화되어 가고 있고 브랜딩은 훨씬 섬세하고 집요하게 이루어져야 한다. 두려움과 불안감은 시장에 내재된 태생적인 특징이다. 그 시장에 일반화된 보편타당성의 가치는 소리 없이 묻혀 버린다. 두려움과 불안감은 강력한 브랜딩을 요구한다. 광팬이라 할 만한 사람들이 지지하고 충성할 수 있는 매력적인 가치를 요구한다. 광팬은 본질적으로 반대 세력을 양산한다. 좋고 싫음을 명확하게 표현하는 개인화 시대다. 다양성에 근거를 둔 자유로운 세상의 가치를 담으면 된다.

시장은 엄청난 속도로 글로벌화를 확장하고 있다. 세상 모든 니즈를 담을 수 없다. 즉, 세상 모든 사람을 팬으로 만들 수 없다. 자신의 가치를 소중하게 여기는 브랜딩이 광팬을 만든다. 함께할 수 있는 꼭 필요한 니즈를 특별하고 차별된 가치로 브랜딩하면 된다. 강력한 하나가 어설픈 여럿보다 필요한 시대다. 군중 속 비슷한 브랜드의 호소력은 시들어 가는 꽃 한 송이에 벌을 기다리는 것보다 더 무모한 도전이다.

브랜드의 컬러는 특별한 희소성이다. 다른 브랜드에서 쉽게 찾아볼 수 없는 자기만의 고유 컬러가 있어야 한다. 특별하고 희소성 있는 가치는 쉽게 잊히지 않는다. 희소성은 차별화이다. 차별화는 기존 가치를 부정하는 것이 아닌 군더더기 등 불필요한 것을 없애고, 기술적인 면이나 스케일에서 최고를 지향하기보다는 기존에 경험하지 못했던 색다른 새로움을 가치로 만들어 내는 것이다.

거센 비바람과 엄청난 강풍에도 떨어지지 않는 행운의 아오모리 사과는 수험생 자녀를 둔 학부모에 인기가 많았고 일명 '합격 사과'와도 맥을 같이 한다. 강한 태풍에 낙과들이 많아 실의에 빠졌을 때 떨어지지 않고 남은 사과의 스토리를 차별화하여 행운이라는 가치로 승화시킨 것이다.

고객은 차별화된 행운의 가치에 합격을 입히는 데 주저하지 않았다. 감성적인 가치는 이성적인 판단에 앞선다. 맛이나 가격보다 행운이라는 가치에 광팬이 된 것이다. 착하고 강한 사과가 주는 희소성을 고객은 자녀들이나 수험생에게 전한다. 이것이 희소성의 진가이다.[29]

앤트러사이트 연희점, 서교점은 주문을 하면 진동벨이나 번호표를 주지 않는다. 두 개 층의 매장인데도 편한 자리에 가서 기다리면 된다. 준비되면 손님이 꽉 차 있는데도 나를 찾아와 주문 상품을 서빙한다. 신기할 정도이다. 주문받는 직원이 상품뿐만 아니라 고객의 이미지까지 기억한다. 설령 일부 실수가 있더라도 정말 대단한 체험이고 놀라움이다. 순간, 고객은 조금 걱정됐을 것이다. 과연 이렇게 바쁜데 나를 기억하고 주문 상품과 같이 찾아올 수 있을지…. 주문에서 도착까지 꿈을 꾸는 과정이다. 주문 이후 철저히 고객의 시간을 만끽하라는 것이다. 주어진 좌석만이 아닌 갤러리처럼 매장 분위기를 즐기는 것이다.

럭셔리한 분위기가 사람을 감동시키는 것은 아니다. 잃어버린 신선함은 화려한 냉장고가 아닌 멈추고 가려진 내면에서 찾아야 한다. 고요하고 아늑한 매장 분위기를 깨지 않고 유지하는 앤트러사이트의 고객 기억하기는 새로운 에너지를 만들어 내는 '무연탄' 이상의 가치를 제공한다. 고객이 생각하지 못한, 편리함보다 더 의미 있는 편안함을 일깨워 주는 고급스러운 가치이다. 커피 맛의 가치는 정성을 자연스럽게 연결시킨다. 고급 레스토랑도 아닌 커피숍에서 직원이 고객을 기억하려 노력한다는 징표는 진정성의 본질이라 할 수 있다. 주문 상품 서빙뿐만 아니라 고객의 취향을 기억하려 할 것이다. 누군가에게 에너지가 될 수 있는 무연탄의 가치를 활성화한다. 최고급 가치는 아날로그에서 나온다. 최대한 편안함을 제공하는 고객의 기대 이상의 콘텐츠이다. 취급하지 않는 메뉴를 가리는 돌멩이와 꽃은 감성을 자극하고 향수를 불러일으킨다. 그래서 잊히지 않을 것이다.

"인간의 가치는 얼마만큼 남에게 사랑을 받느냐는 것보다 얼마만큼 주위 사람들에게 사랑을 베풀고 있느냐에 달려 있다."

- 파스칼

"사람은 태어났으면 살아야 할 책임이 있는 거야". 영화 〈나의 특별한 형제〉 중 박 신부(권해효 분)가 전신 장애인 고아로 보육시설에 맡겨진 어린이한테 한 말이다. 살아야 할 책임은 누려야 할 행복과 남겨야 할 의미와 가치를 말하는 것 아닐까. 손가락 하나 까닥할 수 없는 전신 장애인이 정신은 멀쩡해서 아픔이 더 클 수 있겠지만 건강한 정신으로 할 수 있는 소임을 다하라는 것이다. 살아가는 것이 당연하고 평범한 것인데도 누군가에게는 아주 특별한 것이 된다. 특별함은 희소성이고 고귀한 가치다. 낮은 곳에 있는 사람들이 서로 많이 돕고 산다. 도우면 도울수록 탄력이 생긴다.

세상의 저명한 석학이나 유명한 기업가 등은 자신들이 생각하는 가치를 설파하고 확장한다. 강연가나 컨설턴트 등도 자기만의 독특한 가치에 대해 강의하고 조언한다. 정말 헤아릴 수 없을 정도로 가치는 복잡 다양하다. 취사선택은 각자의 몫이다. 무개념, 무가치의 인생을 탓하면 안 된다. 가치를 고난의 수행 끝에 오는 깨달음이나 진지하게 추구해야 할 대상으로 생각하는 사람이 많다. 그렇게 숭고하고 고귀한 가치도 있다. 범인들이 쉽게 접하기 어려운 경지에 있을 법한 것이다.

그러나 가치는 삶의 이유다. 생활 그 자체가 가치여야 한다. 마구 쏟아지는 시대적 요구와 갈수록 팍팍해지는 현실에서 버팀목이라 생각하고 갈구하는 가치 타령. 얼마나 안타까운 일인가. 지금 이 순간에도 스쳐 지나가는 소중한 가치는 외면한 채 더 그럴싸하고 새로운 깨달음에 집착하고 있는 가치 준비 부자들, 가치 제조업자들, 가치 유통업자들. 그렇게 세상은 진화한다고 한다. 지금 결코 빈곤하지도 초라하지도 않은 영혼들을 볼모로 가치 홍수를 일으키지 않아야 한다. 가치 쓰나미는 무개념, 무가치를 초래한다.

세상에 '도움이 될 만한 것'과 '필요한 것'은 구별되어야 한다. 자신 앞에 놓인 누릴 수 있는 가치와 함께할 수 있는 가치를 정조준하여 만끽해야 한다. 그것이 자신의 핵심 가치다. 가치는 자신의 품에서 배어 나오고 있다. 나다운 핵심 가치가 희소성이다. 지금 자신의 가치를 맘껏 향유할수록 새로운 가치를 빨리 얻을 것이다.

'누구처럼'의 보편타당성이 아닌 '나처럼'이 희소성이다. 자신을 아끼고 사랑하는 만큼 고객을 사랑하면, 고객은 최고라고 엄지척 할 것이다. '행운의 사과'와 '무연탄'은 가장 나다움의 가치이자 '필요한 가치'다.

"어떤 사람이 주위 사람들과 같은 속도로 움직이고 있지 않다면 자신이 듣는 북소리에 따라 움직이게 내버려 두라. 다른 사람들과 속도를 맞추기 위해 그가 자신의 봄을 여름으로 바꿔야 한단 말인가?"

- 헨리 데이비드 소로

고객의 마음은 디테일에 머문다

지난 제72회 칸영화제에서 한국 영화 최초로 황금종려상을 수상한 작품인 봉준호 감독의 〈기생충〉 이야기다.

총 150여억 원의 제작비가 투입된 것으로 알려져 있는 〈기생충〉은 칸영화제에 참석한 평론가들로부터 "봉준호 감독의 섬세한 연출을 통해 서서히 서스펜스를 끌어올려 관객의 마음을 쥐고 흔든다", "〈기생충〉은 덩굴처럼 당신을 온통 휘감아버릴 것이다", "신계급주의 사회에 대한 강렬하고 쓸쓸한 풍자가 대단히 인상적이다" 등과 같은 호평을 받았다.

알고 있었지만 차마 말하지 못했던 냄새를 계층의 상징적 의미로 풀어 낸 봉준호 감독은 정말 천재다. '계단'을 피라미드형 사회적 계층에 비유하여 최상부 사람들의 삶을 밀도 있게 보여 준 박 사장의 집. 박

왜 저 사람은
나보다 잘 팔까?

사장의 가족은 그 존재조차 모르는 피라미드의 맨 밑바닥에서 자기들끼리 아귀다툼을 벌이는 현실을 적나라하게 투영한 지하 방공호. 기택이네 가족은 익숙해져 인지조차 제대로 못하지만 박 사장의 가족들은 귀신같이 알아차리는 사회적 계층의 현 주소인 '냄새'.

이 밖에도 영화 곳곳에 봉준호 감독 특유의 디테일이 숨어 있어 관객들로부터 극찬을 받고 있고, 이윽고 천만 관객도 돌파해 명실상부한 걸작이 되었다.

워낙 세계적으로 화제가 된 작품이다 보니 기대가 컸던 사람들은 약간 실망하기도 했지만 위대한 상을 받을 만한 훌륭한 작품인 것은 분명하다. '봉테일', '봉준호 장르'라 불리는 그의 독창성과 디테일은 소름돋을 정도이다. 관객들은 순식간에 봉 감독의 디테일에 갇혀 버린다. 가장 압권은 지하 방공호가 등장할 때이다. 아무도 상상하지 못했던 장면이다. 그런데 거기에 또 다른 사람이 살고 있다니….

"신은 디테일에 있다"는 독일의 유명 건축가인 루트비히 미스 반데어로에가 성공 비결에 관한 질문을 받을 때마다 내놓던 대답이다. 아무리 거대한 규모의 아름다운 건축물이라도 사소한 부분까지 최고의 품격을 지니지 않으면 결코 최고의 명작이 될 수 없다는 뜻이다. 이와 반대되는 경우에는 "악마는 디테일에 있다"라고 쓰인다.

디테일이 암시하고 상징하는 것은 치밀함과 철저함에 있다. 완벽한 디테일이 없기 때문에 디테일의 끝도 없다. 비즈니스가 디테일의 역사라 할 수 있다. 간지러운 곳을 긁어 주는 시원함과 불편함을 풀어 주는 재치와 유머 등 다양하다. 불편하고 불합리한 것 중 당장 근본적인 솔루션이 없는 경우 풍자와 해학의 디테일이 나오게 된다. 그것을 조금이나마 잊고 달랠 수 있는 기능을 한다. 디테일은 이렇듯 알듯 밀듯 가부가 아리송한 곳에 특히 많이 내재되어 있다. 디테일이 종이 한 장 차이라고 하는 이유도 여기 있다. 아주 작은 것 하나 때문에 걸작이 되고 졸작이 되는 엄청난 파괴력을 지녔다. 그래서 신의 디테일, 악마의 디테일을 넘나드는 상당히 민감한 요소이다. 치밀하지 못하고 허접하면 최악이 되는 것이다.

충성 고객이 많이 있는 타코벨은 2018년 앨라배마주의 몽고메리 매장이 화재로 전소되자 100여 명의 주민들이 추모 행사까지 진행하는 진풍경이 벌이기도 한다. 고객의 니즈를 최대한 빠른 시간 내에 반영하려는 노력과 제품화하는 과정의 치밀한 디테일이 남다르다. 특히, 신제품 품평회 과정의 밀폐된 공간에서 먹는 맛은 물론이고 표정까지 담아 내는 치밀함은 1천 3백만 SNS 팔로워들을 결집시키는 데 충분하다. 고객이 원하는 것이라면 파티 장소로도, 결혼식장으로도 문을 열어 주니, 전소된 가게 추모 행사가 이루어진 것이다.[30]

타코벨의 디테일은 당연한 일을 철저히 한 것뿐이다. 고객은 거기에 박수를 보내고 흥분한다. 종이 한 장 차이가 디테일의 시작이고 신과 악마의 갈림길이라 했다. 디테일은 현장에 묻어나고 가게와 브랜드 모든 것이 대상이다. 즉, 생활 자체가 디테일의 대상이다. 상품을 판매하고 진열하고 연출하는 것은 아주 기본적인 것이다.

비콘은 상품이나 매장이 아닌 고객에 탑재해야 한다. 고객이 가는 곳, 하는 것, 원하는 것에 플러스 알파를 생각하고 디테일로 구현해야 한다. 상품이나 재료의 신선도에만 집중하고 고객의 표정이나 행동에 소홀하면 신선도는 0점인 무용지물이다. 고객의 이름과 취향에 관심을 가지면 디테일이 끊임없이 용솟음친다. 자리에 앉아서 제일 먼저 취하는 행동, 음식을 먹는 자세나 반찬을 먹는 순서, 접시의 재질과 사이즈 등을 섬세히 관찰해야 한다. 고객의 눈짓, 몸짓 하나라도 놓치지 않으면 최소한 마음을 읽을 수 있게 된다. 그에 대한 명쾌한 솔루션은 제공하지 못하지만, 마음에서 우러나는 배려는 얼마든지 가능하다. 고객이 말로 쉽게 표현하기 어려운 게 디테일이다. 미리 헤아려서 당연한 배려처럼 흥분시켜야 한다.

초고령화 시대로 진입하고 있는 우리나라다. 100세 시대의 환상이 결코 녹록지 않은 중장년기 현실에 부담으로 다가오고 있다. 가까운 일본은 이미 고령화 시대의 문제를 경험하고 나름대로 활로를 찾아가는 것 같다. 어쨌든 실버 세대의 사회 참여도와 경제생활이 늘어날 수밖에 없는 현실이다. 은행은 예전부터 돋보기안경을 비치하고 있다. 반대로 쇼핑 공간에는 아직 적극적인 실버 마케팅이 이루어지지 않는 것 같다. 트렌드를 주도하는 젊은 층의 비중이 중요하기 때문이다. 사회적 약자를 배려하는 캠페인도 많이 활성화되고 있다. 복지 국가로 가야 하는 필연적 운명이다.

스마트폰, 인터넷의 발달로 눈이 많이 피곤해진다. 시력이 안 좋은 젊은이도 많이 본다. 매장마다 안내하고 있는 쇼핑 정보의 글자 크기는 내용보다 관심이 덜하다. 실버 고객은 물론 중년층 일부도 가까이서 쉽게 확인할 수 있도록 활자 크기 확대가 필요하다. 특히, 실버 관심 상품군은 더 그렇다. 일본은 10여 년 전 이미 곳곳에 확대된 활자 크기 안내문을 볼 수 있었다. 내용은 더 젊은 표현으로 하되, 크기는 확대가 필요하다. 음식점의 벽면 부착형 메뉴판도 마찬가지다.

글씨 크기가 마음의 크기다. 디테일은 글씨 크기를 키우면 기생충의 냄새처럼 또 새로운 디테일을 요구할 것이다. 고객의 마음이 머무는 곳이면 타코벨처럼 디테일을 발휘해야 한다. 고객이 좋아하는 것보다 원하는 것을 찾아야 한다. 간지럽고 불편한 것부터 해결해야 한다. 디테일의 계단은 고객을 향하는 오르막길이다. 한 계단 한 계단 오르면서 고객을 흡수하면 된다. 그러면, 당연히 평생 고객처럼 내리막길도 함께할 것이다. 최고보다 아름다운 최선이 훨씬 강하다. 디테일은 최선에 머물고, 향기로운 추억을 남긴다.

신뢰를 세련되게 추천하라

프랜차이즈 시스템의 문제를 직접 경험하고서 철저히 자기만의 정성과 노력으로 새롭게 도전한 대구 동서시장 입구의 '꽃분이의 식탁' 분식점에 다녀왔다.

초창기에는 주인이 정장 차림으로 직접 찾아다니며 시식용 김밥을 배달하는 깊은 인상을 심어 주었고, 어린이집, 유치원 등에 김밥 단체 주문 배달 안내 편지까지 직접 작성해서 보내는 정성과 감성 마케팅을 펼쳤다. 차별화된 신뢰감을 전달하려고 진정성을 발휘했다. 결국 아동 급식 전문 가게가 되었다. 또 주부 고객 한 분이 김밥을 특별히 풍성하게 만들어 달라고 주문하고 자기가 가지고 온 빈 도시락에 담아 가는 것을 보고 수제 도시락을 개발하기에 이르렀다. '엄마표 수제 도시락'을 기획한 것이다.

또한 다른 가게의 대장균 검출로 위기가 닥치자 직접 관공서를 찾아가 위생 검사를 받아 검사 결과서를 도시락에 부착해 판매하기도 했다. 또한 직원들은 가슴에 백화점처럼 스마일 표찰을 달고 친절하게 응대하고 있다.

바른 먹거리 운동에도 앞장서고 있다. 경북 문경에서 쌀을 직접 도정해 재료로 사용하는 친환경 핸드 메이드 방식으로 운영한다. 직접 농사지은 쌀과 싱싱한 농산물을 재료로 '요리'하는 분식점 이상의 신뢰와 가치를 제공하는 착한 식당이다.[31]

이름이 분식점이지 실제는 파인 다이닝급의 고급 레스토랑을 능가하는 정성과 열정이다. 프랜차이즈에서 독립해 개인 분식점으로서 책임과 무한 도전하는 과정이 감동적이다. 탄력적이고 감각적인 운영 묘미를 구비하고 지역 주민들과 함께하는 공격적인 현지화 노력에 고객은 신뢰를 느꼈다. 모든 식재료를 직접 생산, 준비, 개발까지 해내는 프로듀싱 능력이 신선함과 신뢰감의 모체이다. 신뢰를 처음부터 끝까지 실천하는 투철한 책임감이 백미다.

동네 분식점은 철저히 동네 장사다. 동네 사람들에게 글로벌 스탠다드급의 최고급 맛과 서비스를 세련되게 제공하고 있다. 신선도, 맛, 구색 차별화, 위생 안전, 진정성 등 명실상부한 신뢰의 아이콘이다. 한번 가면 그 가게의 느낌과 평가를 시시콜콜 구전하게 된다. 따라서 적을 만들면 안 되는 동네 장사다. 광팬이 생기면 그 효과도 다른 상권보다 훨씬 크다. 분식점은 남녀노소 모두 이용하는 곳이다. 그런데 가벼운 분식으로 허기를 채우는 수준이 아닌 '요리'의 콘텐츠로 업그레이드까지 한다. 결국, 가격이나 아이템으로 그레이드가 결정되는 것이 아니다. 가격이 저렴해도, 아이템이 평범해도 콘셉트와 콘텐츠가 다르면 최고급 레스토랑이 되는 것이다.

아마존에서 운영하는 '보물트럭'은 온·오프라인 쇼핑 세계를 완벽하게 결합하는 모델이라고 한다. 아마존은 2016년 시애틀에서 실시했던 보물트럭(Treasure Truck)을 LA, 시카고, 뉴욕, 샌프란시스코 등 미국 및 영국 등 40대 도시로 운영 확대한다.

아마존의 보물트럭은 각 지역을 이동하며 지역과 계절에 맞는 상품을 판매하는 이동식 팝업 매장이다. 일반 가정용품을 비롯해 육류, 해산물 등을 판매한다. 트럭에서 판매하는 상품은 매일 바뀐다. 트럭에서 물건을 픽업하는 과정에서 퀴즈 등의 이벤트를 하고 보너스를 받을 수도 있는 의미에서 보물트럭이라 불린다.[32]

실험적인 개념인 보물트럭은 인기가 좋았다. 아마존은 홀푸드사를 인수하며 아마존 프레시를 통해 신선 식품도 배송, 신선 식품 영역에서도 1위를 유지하고 있다. 보물트럭을 통한 아마존의 이동식 팝업 매장은 소비자들에게 신선한 재미를 주고 가까이 다가가는 것뿐 아니라 온라인으로는 한계가 있는 아이템까지 판매를 확대할 수 있다. 소비자들의 호기심을 일으키는 새로운 상품 개발과 홀푸드마켓 쿠폰 등을 지급하는 이벤트로 연결, 옴니채널 효과를 제고할 수 있다. 보물트럭은 해당 지역을 타깃으로 일종의 게릴라 마케팅을 효율적, 탄력적으로 전개할 수 있다는 장점이 있다.

온라인과 오프라인을 연결시키는 옴니채널이 화두이다. 급속도로 온라인으로 옮겨 가는 쇼핑 트렌드에서 오프라인의 역할과 구심점을 재정립하지 않을 수 없다. 오프라인 기업의 숙제만이 아닌 온라인 기업의 활로 개척 의미도 부여되고 있다. 두 가지 경우를 적절히 조화를 이루어 내는 것이 옴니채널의 방향이다. 습관적인 온라인 성향과 이벤트와 재미, 체험적인 오프라인 성향을 탈경계 개념으로 융합해야 한다. 고객은 모바일로 인해 더욱 액티브하고 크리에이티브한 옴니채널을 원한다. 모든 유통망이 그물망처럼 하나로 연결되는 옴니 네트워크 수준을 기대할 수도 있다. 제품이 아닌 제안을 선택하는 옴니채널이다. 제안의 가치가 채널의 신뢰도까지 영향을 미친다. 옴니채널 제안의 생명은 편의다. 공존을 위한 융합은 의미가 있으나 병존을 위한 협력에 고객은 관심이 없다. 다시 말해서 화학적 융합이 물리적 결합보다 낫다. 진정한 고객 편의는 단순화이기 때문이다.

세차장에서 커피를 마시고 수제 버거를 먹고 바비큐 파티를 하고 차는 물론 강아지도 목욕한다. 럭셔리한 세차장에서 피로의 찌꺼기도 깔끔하게 씻고 나오는 핫 플레이스가 등장했다.[33]

세차가 일종의 취미나 즐길거리가 되는 문화로 변하고 있다. 이런 문화적 트렌드에 맞춰 1천여 평의 넓고 시원한 공간에 다채로운 콘텐츠를 담았다. 목욕탕에서 휴식도 취하고 밥도 먹고 운동도 하는 복합 사우나의 업그레이드 버전 같다. 차에 대한 애착이 강한 우리나라 사람들의 특유한 성향을 셀프 방식의 체험형 세차장으로 제안했다. 세차장 콘셉트가 공장을 개조한 커피숍이나 카페처럼 팩토리 콘셉트이면서 고급스럽게 연출했다. 차를 세차하면서 자신을 씻는 느낌을 갖게 된다. 여유와 휴식을 겸하는 콘텐츠는 대부분 외곽 한적한 곳에 위치하고 있다.

생활 자체가 제안의 콘텐츠이다.

'직접 세차하는 것', '직접 이벤트에 참여하는 것', '엄마가 직접 김밥을 만든 것 같은 수제 도시락'.

품격 있는 제안은 쉽게 거절하지 못한다. 가벼운 제안은 거절하기 쉽다. '꽃분이의 식탁'의 유치원에 보낸 편지 제안은 신뢰를 쌓아 가는 첫 단추이다. 아이들에 대한 보증 선서이다. 당일 아침이 지나서야 알 수 있는 보물트럭의 상품과 이벤트 내용은 아마존 브랜드에 대한 믿음이 깔려 있다. 설렘과 흥분이 생기는 이유다. 물장구치며 놀던 추억의 세차를 가족 등과 함께하는 공유 문화라 할 수 있는 세차장 카페이다. 고객의 소중한 식탁과 체험, 문화를 세련되게 추천한 것이다. 품격 있는 추천은 다이아몬드 보증서이다. 신뢰가 대전제이다. 신뢰가 품격을 좌우한다.

떠난 자리에서 고객의 소리를 읽어야 한다

조금 못생겨도 먹을 수만 있다면 다시 새로운 가치를 창출한다. 일명 '푸드 리퍼브(Refurbish)'가 세계 각국에 등장하고 있다. 버려질 뻔한 남긴 음식과 유통기한 경과 식품도 여러 가지 형태로 다시 합법적인 판매대로 옮겨지고 있다.[34]

최근 자주 대두되고 있는 사회적 가치는 다양한 사회적 기업을 탄생시키고 있다. 고객은 자신의 소비 행위가 환경이나 기부 등의 가치와 연결되기를 바라고 있다. 기업은 각자 기업 이미지 제고를 위해 사회적 가치 실현에 노력하고 있다. 버려질 식품을 통해 친환경 가치와 수익을 창출하는 푸드 리퍼브는 새로운 비즈니스 기회를 열어 주고 있다.

미세먼지와 각종 생태계 파괴로 인해 곳곳에 기이한 현상이 벌어지

왜 저 사람은
나보다 잘 팔까?

고 있다. 최근에 보도된 내용에 따르면 파리와 벌레 등이 엄청난 규모의 떼로 서식하며 사람들의 생활을 방해하고 있다고 한다. 또한 수도권 일부 지역에서는 수돗물의 안전까지 위협받고 있다. 미세먼지로 인한 개인위생과 안전 보호에 급급한 나머지 급속도로 훼손·파괴되는 환경 생태계에는 거의 무방비 상태이다. 초기에 수습을 못하는 것도 안일한 사고와 심각성을 인지하지 못한 결과이다.

우리 스스로 자초하고 있는 것 중 하나가 음식물 쓰레기다. 최고의 만찬은 행복한 추억이 되어야 한다. 입지 않은 옷을 여러 벌 걸치고 다니는 사람이 없듯이 음식은 필요한 만큼만 소비되어야 한다. 불교의 발우공양은 아닐지라도 겉치레를 줄이고 핵심을 공유해야 한다. 진정한 맛집은 양보다 질이다. 정성 들인 맛에 가치가 수반되면 최고의 체험이 된다. 맛은 주관적이지만 가치는 객관적이다.

식사를 마치고 떠난 자리를 보면 그 사람의 성향을 알 수 있다. 맵고 짠 자극적인 음식을 싫어해서 손도 안 댄 음식, 모든 음식이 깨끗이 비워진 접시 등 차려질 때와 정리할 때의 차이가 그 고객의 니즈이다. 밥은 조금 남기고 반찬은 전부 비웠다면 찾아가는 리필 서비스가 필요한 것이다. 맛은 합격이나 서비스는 보완되어야 한다는 메시지다. 사용한 냅킨이 테이블 여기저기 많이 흐트러져 있다면 반찬이 자극적인지 확인해야 하고 가까운 곳에 쓰레기통을 비치해야 한다. 물병에 물이 거의 남아 있지 않은 경우도 자극성 여부를 확인해야 한다.

고객이 자리에 앉자마자 휴지로 테이블을 닦는다면 테이블 페이퍼를 제공해야 한다. 남기고 간 잔반을 줄이려면 메뉴 북에 실제 테이블 세팅되는 종류와 양을 이미지로 표시하고 안내해야 한다. 대부분 메인 메뉴만 이미지를 보여 주고 반찬은 제외하는 경우가 많다. 재료 수급이나 기후 영향으로 조정될 경우는 별도 고지하면 된다. 메뉴별 예상 준비 소요 시간을 안내하고 양(많이, 적게 등)과 맛(싱겁게, 매콤하게 등)을 직접 선택할 수 있게 유도한다. 또한 처음인지 재방문인지 여부를 주문 시점에 확인해서 운영 프로세스 효율을 높일 수 있다.

성공도 실패도 기록하면 장사 밑천이다. 사람이 죽으면 이름을 남기듯이 고객은 자리를 뜨면 흔적을 남긴다. 장사의 성패는 재방문율에 달려 있다. 다시 올 고객인지 아닌지를 알 수 있는 자리의 암시다. 셀프 서비스로 공용 퇴식구에 반납하는 구조인 푸드코트는 이런 고객의 소리를 제대로 파악하기 어렵다. 세상에 역시 공짜가 없다. 운영상 편의를 위한 셀프 서비스의 단점이다.

고객을 직접 접객하는 식당은 최대한 모든 고객의 흔적을 기록해야 한다. 떠난 자리의 고객의 메시지를 읽으려면 떠난 자리에만 집중해서는 안 된다. 인과관계를 배제한 결과물의 의미는 제한적일 수밖에 없다. 원인과 과정을 고려한 결과 분석이 정확한 데이터를 제공할 수 있다. 시험 문제를 푸는 과정이 결과보다 더 중요할 수도 있듯이 되도록 고객의 모든 움직임을 기록해야 한다. 가능하면 표정까지도. 결과물인

답에만 집착하면 속단을 하게 되고 오류를 범하기 쉽다. 똑같은 고객이 똑같은 결과물을 남기는 경우는 매우 드물기 때문이다.

　사람의 건강과 생명을 지키는 병원은 환자에 대해 밀도 있게 관찰하고 진단하고 처방하고 관리한다. 투입된 모든 진단과 처방에 따른 차도와 결과를 온전히 보관한다. 이력 관리를 통해 언제든지 신속 정확한 진료를 하기 위해서다. 특히, 입원하게 되면 시간대별로 환자의 상태를 체크하고 그에 따른 처방을 한다. 하물며 먹는 음식, 물의 양까지 체크하고 배설량도 확인한다. 중환자실의 경우는 실시간으로 중요 지수가 체크된다. 촌각을 다투는 상황을 대비하기 위함이다.

　이처럼 위험도에 따라 체크 주기(Interval)가 다르다.
　"지금 당신의 가게는 어떤 상태인가?"
　통원 치료를 요하는 가벼운 통증인가, 입원 치료를 요하는 다소 견디기 어려운 통증인가, 아니면 생명을 유지하기 어려운 매우 심각한 통증인가.

　이 진단이 명쾌하게 나와야 정확한 처방이 가능하다. 진단이 불투명한 상태에서 함부로 처방을 내리면 오류와 실패의 가능성이 매우 높다. 생명을 볼모로 스릴을 즐기는 무모함일 수 있다. 진단의 시작은 모든 현상의 체크와 기록이다. 투입되고 있는 내용물과 배설물의 불균형은 건강 이상 징후이다. 그 답은 고객에 있다.

상태에 따라 대상 고객의 숫자와 체크 밀도를 달리해야 한다. 아파서 병원에 가는 것의 목적은 치료해 줄 의사를 만나는 것이다. 실적이 안 좋은 가게를 치료해 줄 사람은 고객이다. 경영 컨설턴트나 뛰어난 경험자보다 우선은 고객이다. 고객은 결코 직접 말하지 않는다. 흔적으로 남긴다. 당신의 '생명줄'을. 생명줄의 출발점부터 치료하게 되면 완치도 가능하다. 그러면 당신도 고객도 건강해진다. 음식의 생명을 연장, 부활시키는 '푸드 리퍼브'가 필요한 이유도 우리 모두의 건강과 안녕을 위해서다. 음식의 담당 의사는 바로 당신이다.

왜 저 사람은
나보다 잘 팔까?

PART 4

똑같은 걸 팔아도 10배의 수익을 내는 가게의 비밀

사소한 차이가 거대한 줄을 세운다

인생은 선택의 연속이다. 학교, 진로, 직업, 결혼, 육아, 노후 등 삶의 갈림길에서 중요한 선택을 하게 된다. 그 선택이 자신의 역사이고 오늘의 모습이다. 살아가면서 당연히 거치게 되는 과정이다. 하고 안 하고, 이 방법으로 하고 저 방법으로 하고 등 형식은 다르지만 선택은 한다.

"나는 가난 때문에 대학을 자퇴했다. 하지만 그것은 내 생애 최고의 결정 가운데 하나였다." 스티브 잡스가 스탠퍼드대 졸업식 축사로 한 말이다.

그리고, BTS 기획사 대표인 방시혁은 서울대 졸업식 축사에서 불만 많은 사람으로 살았던 기억과 부조리에 대한 분노가 오늘을 이끌었다고 했다.

이렇듯 결정적이고 굵직한 선택은 기억 속에 오래간다. 대부분 인생의 터닝 포인트에 이루어지는 선택이다. 그 밖의 수많은 선택의 기억은 희미하지만 켜켜이 쌓여 지금의 자신을 만들었다. 세상에 회자되는 것 또한 인생의 변곡점을 일으킨 사건이나 선택이다.

요즘은 포인트(마일리지) 시대이다. 고정 고객에 대한 프로모션의 일환으로 구매 금액의 보통 0.1~0.5% 내외의 일정 포인트를 적립해 주고 현금처럼 사용할 수 있게 한다. 0.1% 기준으로 하면 1백만 원 구매 시 1천 포인트를 적립한다. 즉, 현금 천 원이 생기는 것이다. 그런데 초기에는 혜택의 체감도가 낮았지만 시간이 흐를수록 포인트 적립 여부를 꼭 확인하는 경향이 늘어난다. 작지만 쌓이면 크다는 것을 경험하면서부터 구매 결정에 영향을 미친다. 즉, 선택의 주요 요인으로 성장했다.

대다수 카드사나 기업체, 브랜드는 자체 포인트를 제공하지 않으면 안 될 상황이다. 포인트 일반화로 인해 차별화에 대한 기여도는 줄어들었다. 적립율과 제휴사 경쟁력, 접근성 등이 핵심 요소이다. 프랜차이즈가 개인 업소에 비해 유리한 점이기도 하다. 그러나, 포인트가 줄을 세우기는 어렵다. 포인트는 부수적인 혜택이기 때문이다. 인생에 영향을 미칠 만한 중요한 선택지는 아니다.

살코기 말고 닭 껍질 튀김, 콘 아이스크림의 끄트머리 초콜릿, 고기 대신 고깃집 볶음밥. 식품업계가 마이너한 입맛의 소비자를 공략한 주객전도형 상품을 내놓아 눈길을 끌고 있다.[35]

항상 집중 스포트라이트를 받는 것은 메인 메뉴이고 핵심 요소였다. 비중 있는 역할이나 인생, 운명을 좌우하는 빅 이슈다. 보편화, 일반화, 균질화되어 가는 시장 흐름에서 새로운 자극에 목마른 고객을 감당하려면 역발상 노력이 필요할 때가 많다. 사소한 차이는 본질에 대한 깊은 성찰에서 기인한다. 개방적인 마인드로 360도 이리저리 자주 둘러봐야 한다.

닭의 살과 껍질은 뼈와 살처럼 한 덩어리인데 분리했다. 고객이 좋아하지 않는 부위이고 시장성이 부족하다고 예단한 것이다. 돼지 껍질은 조선시대부터 끓여서 묵처럼 별도 요리를 해먹었고, 몇십 년 전부터 구워 먹는 상품으로 전국에서 인기를 누리고 있다. 닭 껍질도 몇 년 전부터 이미 일부 닭 전문식당에서 튀겨서 판매하고 있던 상품이었다.

인도네시아 자카르타에서 개발된 KFC 닭 껍질 튀김은 한 온라인 커뮤니티 회원의 요구로 우리나라에 공식 판매를 하게 된 것이다. KFC는 65세의 '커넬 할랜드 샌더슨'이 미국을 돌며 자신의 아이디어를 상품화하자고 1,000번 넘게 문을 끊임없이 두드린 끝에 솔트레이트시티에 1호점을 개설한 브랜드이다. KFC 설립자 정신이 그대로 반영된 닭 껍질 튀김이다. 사소한 것을 특별한 회소성으로 개발한 것이다.

똑같은 아이디어는 있었으나 상품화 전략에서 사소함과 거대함으로 운명이 엇갈렸다. 사소한 차이에서 거대한 영향력을 발휘하려면 완전한 상품화 전략이 필요하다. 점진적인 효과를 기대한다면 시간을 갖고 차근차근 추진해도 된다. 그런데 일반화되고 균질화된 치킨 시장에서 희소성을 특화시키려면 차이는 사소할지언정 혜택은 글로벌 시장처럼 크게 설정해야 한다. 밑그림이 시장성을 좌우한다는 것이다.

사소한 차이에 대한 확신은 결코 시소해서는 안 된다. '에이, 이게 뭐라고' 하는 생각은 금물이다. 기억에 남는 인생의 터닝 포인트 선택만큼의 비중이 되고 안 되고는 여기서부터 시작된다. 방시혁의 현재에 대한 불만, 고객이 느낄 수 있는 불편함에서 사소한 차이는 그려진다. 정해진 인생의 선택 순간에는 깊이 고민할 것이다. 그러면서 정해진 코스가 아닌 낯설고 특별한 선택의 순간에 진지하지 못하는 것은 습관이다. 거대한 줄을 세우려는 의지와 열정 없이 사소한 차이가 찬란한 빛을 발할 수는 없다.

'주객의 전도'는 곳곳에 많다. 백 댄서(Back Dancer)에서 슈퍼스타로 등극한 사람은 한둘이 아니다. 돼지 껍질은 지금도 조연이다. 요즘 '뒷고기'라는 트렌드가 등장했다. 뒤에 숨어 있던 내세울 만한 주된 부위 이외의 일명 자투리를 전문으로 취급하는 돼지 고깃집이라 한다. 콘 아이스크림의 끄트머리 초콜릿이나 고깃집의 볶음밥도 주연을 만들려는 노력과 열정의 산물이다.

아주 사소한 차이는 고객이 쉽게 못 느낄 것이다. 자세히 보지 않으면 안 보이는 전망용 유리창의 얼룩이나 혹시 음식에 떨어질지 모르는 직원의 액세서리, 식사를 마친 테이블을 정리할 때 그릇끼리 부딪히는 소음 등이다. 이런 차이는 전체적으로 어우러졌을 때 잔잔한 감동을 줄 수 있다. 그럼에도 센스 있는 노출 방법과 연출 노력은 더 큰 사소한 차이의 감흥을 줄 것이다. 주된 핵심 요소의 본질에 대한 부단한 연구가 절실하다. 새로운 맛이나 상품, 체험, 편안함 등에서 대체불가의 차이를 만들어야 한다. 코페르니쿠스적 전환점이 된 스티브 잡스의 대학 중퇴는 철저한 현실 인식에 기반한 것이다. 새로움에 대한 열망은 불만스러운 현실에서 가능하다. 핵심의 깊이가 껍질의 변신을 불러일으킨다. 거대한 줄을 생각하면 차이의 발견이 쉬워진다. 그 차이는 10배의 고객에게 포인트를 적립한다.

객수보다 객단가를 높여라

요즘 사람들은 하기 싫은 귀찮은 일에 쏟아야 하는 시간과 에너지를 아껴 주는 것에 기꺼이 지갑을 연다. 기술은 사람들이 겪는 불편을 소리 없이 해결해 준다. 맛도 덜하고 값도 비싸지만 기꺼이 선택하는 것이 유기농 식품이다. 영화, 게임, 공연, 테마파크 등 모든 엔터테인먼트 산업은 재미를 판다. 재미있는 것을 보면 몰입하게 된다. 힘들고 지친 마음을 잠시나마 위로받으려고 사람들은 과감히 재미를 산다. SNS에 취향이 비슷한 사람들은 연결되고 관계를 확장한다. 비즈니스도 제휴, 결합, 융합되어 간다.

최근 쇼핑몰에는 대형화 추세에 더불어 게임, 스포츠, 놀이 등 체험형 시설이 속속 들어가고 있다. VR 파크, 영화관, 아쿠아 몰, 키즈 파크, 풋살장 등 다양한 종류가 봇물 터지듯 등장하고 있다. 다양한 체험 공간으로 많은 고객을 유입하고 체류 시간을 늘리는 전략이다. 쇼핑만이 아닌 먹고 즐기고 놀러 가는 장소로 탈바꿈하고 있다.

온라인의 급성장과 고객 라이프 스타일의 변화에 따른 오프라인 시장은 집객 콘텐츠 강화에 집중하고 있다. 예전 고객 편의 시설이 고객 핵심 시설로 바뀌었다. 재미, 휴식과 힐링의 수요는 단순 안내나 지원에서 벗어나 직접 체험할 공간을 요구하기에 이른 것이다. 상품 구매는 온라인과 함께하고 오프라인에서는 시간과 가치를 공유한다. 원스톱 서비스가 가능할 정도로 모든 것을 구비한다. 아이들이 먼저 가자고 제안할 만큼 콘텐츠 다양화에도 공을 들였다.

고급 명품 브랜드, 대형 SPA 브랜드와 편집숍, 지역 맛집 등 콘텐츠 경쟁력 강화도 지속적으로 추진한다. 가격보다는 기능이나 품질과 가치에 중점을 두고 고급화를 지향한다. 수많은 매장의 운명은 각자도생이 원칙이다. 쇼핑몰에 유입된 고객을 자신의 매장에 끌어들여야 한다. 쇼핑몰 규모만큼 경쟁이 치열하다. 브랜드별 콘셉트나 메뉴의 중복 또는 유사성은 불가피하다. 더더욱 자신만의 정체성 차별화가 요구되는 장소이다. 객단가는 1인당 평균 구매 금액을 일반적으로 말하지만, 자주 오게끔 해서 실질적인 고객별 구매 금액 제고를 함께 꾀해야 한다. 즉, 음식점의 경우 재방문 횟수를 늘리는 전략으로 실질적인 고정고객 객단가를 높일 수 있다.

스타벅스 커피 음료와 베이커리 제품 외에 다양한 런치 박스, 샐러드, 샌드위치, 음료수, 스낵, 과자 등을 판매하는 매장에서 진행된 실험이다. 이 매장에서는 대부분의 제품들이 고객들이 서는 줄 옆에 진열돼 있다. 줄을 서 있는 동안 제품을 골라 계산대에 이르렀을 때 한꺼번에 계산하게 된 구조다. 줄 서기와 소비 지출의 관계를 가장 잘 테스트할 수 있는 실제 환경이라고 볼 수 있다. 이곳에서 실험자가 고객들이 모르게 줄을 서는 각각의 고객들을 관찰하며 다음과 같은 세 가지 정보를 기록했다.

1) 고객이 줄을 섰을 때 앞에서 기다리는 사람의 수
2) 고객이 계산대에 도달했을 때 뒤에 서 있는 사람의 수
3) 고객의 제품 구입 총액

이 세 변수의 관계를 분석한 결과 새로운 사실이 드러났다. 계산대에 이르렀을 때 뒤에 서 있는 사람의 수가 많을수록 고객의 지출이 늘어나는 상관관계가 나타난 것이다. 고객들의 구입 총액은 고객들이 처음 줄을 섰을 때 앞에 서 있었던 다른 사람들의 수, 즉 줄의 총 길이와는 무관했다. 이를 다시 해석해 보면 고객들은 뒤에 많은 사람들이 서 있을 때 자신의 목표를 향한 일종의 성취감을 느낀다. 이 결과 제품의 기대 가치가 올라가며 이는 더 많은 제품, 혹은 더 비싼 제품을 구입하는 '지출 증가'의 결과로 이어진 것이다. 제품 구입과는 전혀 상관이 없어 보이는 '줄 서기'가 제품의 기대 가치를 넘어 구입 총액에 긍정적 영향을 줄 수 있음을 증명한 것이다.[36]

줄을 서는 고객이 많을수록 만족도가 커진다는 점에서 보면 줄을 서는 고객들의 심리는 짜증보다는 기대나 즐거움이었을 수도 있다. 백화점에서 흔히 볼 수 있는 줄서기는 한정 판매나 타임 서비스가 있다. 가격 할인으로 고객 유인하는 경우가 대부분이고 1+1 또는 덤 행사 등도 있다. 집객력 강화를 위한 방안으로 진행하던 것에서 객단가도 높

왜 저 사람은
나보다 잘 팔까?

일 수 있는 프로모션으로 확장되고 있다. 패키지나 세트 상품을 구성해 대폭 할인 판매하는 방식을 말한다. 알뜰 소비자들은 꼭 필요한 것 이외에는 구매하지 않기 때문이다. '1+1'이나 대용량 1개에 작은 미니 사이즈를 덤으로 주는 방식도 진행된다. 기존 가격 할인에 국한된 프로모션보다 객단가는 더 높게 나온다.

스타벅스의 실험 결과에서 보듯이 뒤에 기다리는 사람이 간접적인 자기 만족감과 성취감을 불러 일으켜서 기대 심리에 플러스 영향을 미친 것이다. 누구든 경험해 봤을 만한 일이다. 마트에 가면 타임 서비스 방식을 가장 자주 볼 수 있다. 사람들은 잘 팔리는 상품을 더 구매한다. 객관적인 검증이 이루어졌다고 판단하기 때문이다. 맛집도 줄 서는 집을 더 찾아간다. 스타벅스의 커피와 런치 박스, 샐러드, 과자 등은 앞에 줄 서 있던 고객의 구매 성향에서도 영향을 받는다. 일부 잘못된 가게에서 소비자들 현혹하기 위해 사용하는 일명 바람잡이들이 여기에 해당된다. 사람은 보고 듣는 데 익숙해져 간다. 또 한편으로 깊이 고민하기 싫어하는 경향도 있다. 구매 심리는 이렇듯 복합적인 영향을 받는다. 쉽게 선택할 수 있는 상품 구성과 제안이 핵심이다.

음식점에서 일반적으로 객단가를 높이는 방법으로 생각할 수 있는 것이 서브 메뉴와 후식이다. 서로 코디할 수 있는 주 메뉴와 보조 메뉴를 세트로 구성하는 것이다. 갈비와 냉면이 좋은 예이다. 적당한 가격 할인으로 세트 메뉴 구매를 유도한다.

후식으로 아이스크림을 판매한다면 스타벅스의 사례를 벤치마킹할 필요가 있다. 대부분 후식은 계산대 주변에 냉동고를 비치하고 셀프 방식으로 판매하고 있다. 말 그대로 후식을 먹어도 되고 안 먹어도 되는 편의를 도모하는 아이템으로 판매한다. 객단가를 높이려는 의지가 있다면 적극적으로 권유해야 한다.

소형 이동식 냉동고를 끌면서 시선 유도하고 아이스크림 퍼모먼스를 진행한다. 다른 고객들이 보는 식사 테이블 앞에서 한 스쿱 한 스쿱 와일드하고 즐겁게 덜어 주고 계산은 나중에 한꺼번에 하도록 한다. 아이들이 시식하게 되면 모두 이용할 것이고, 어른들도 옆에 일행이 이용하면 자신도 자연스럽게 합류할 것이다. 아이스크림뿐만 아니라 다른 아이템이나 프로모션도 보여 주고 쉽게 선택할 수 있도록 하는 게 중요하다.

프리미엄급 상품을 개발해서 고객 맞춤형 객단가 제고를 꾀할 수도 있다. 리미티드 에디션(Limited Edition)이라는 한정 특판 형태를 취하는 것이다. 특히 물량 조달이 어려운 고급 상품이 주요 대상이 된다. 최고급 수요와 대중적인 수요 모두를 수용하는 게 바람직하다. 줄 서는 것도 머무는 쇼핑 시간이다. 쇼핑몰에서 여기저기 몰링(Malling)하는 것도 머무는 시간이다. 음식점은 객단가와 매출에 회전율을 반영한다. 모두 참고할 사항이다. 객단가는 음식점의 경우 한 끼 식사나 디저트 정도이다. 대부분 식사량은 한정되어 있다. 양이 아닌 영양을 골고루 섭취하는 제안을 해야 한다. 오래 머무르고 즐기면서 더 많이 구매하게 하려면 콘텐츠의 혁신이 필요하다. 콘셉트에 따라 회전율과 객단가 중 우선 순위를 결정해야 한다. 콘텐츠의 응용과 연결이 절실하다. 고객은 건강에 지출을 아끼지 않는다. 급하게 먹어서 영양을 제대로 섭취하기 어렵다. 요기가 아닌 요리를 음미하고 건강과 재미를 계산하면, 마음은 더 오래 머문다.

'무엇을'보다 '어떻게' 팔 것인가에 집중하라

2006년 미국 오리건주 '움프쿠아 은행'이 처음 도입한 고객에게 경험을 서비스하는 것을 슬로우 뱅킹이라 한다. 그 시초는 '레이 데이비즈'라는 새로운 CEO이다. 그는 오랫동안 고객이 은행에 머무르게 하면서 상품을 전달하는 방식의 차별화를 추진했다. 은행을 문화공연장, 전시 공간, 식당, 커피숍 등 문화예술, 엔터테인먼트 등을 제공하는 장소로 탈바꿈시켰다.[37]

움프쿠아 은행은 특별한 '무엇'을 만들기 위해 호텔 로비 콘셉트를 도입하고 서비스도 호텔 수준으로 업그레이드했다. 지방 은행의 타깃인 지역 주민을 위해 각종 캠페인, 프로젝트에 적극 참여했다. 점포 표시도 가게로 바꿨다. 이것은 모두 판매하는 상품과 직접적인 관계가 없다고 할 수 있는 것들이다. 하지만 새로 부임한 대표는 은행 상품의 '무

왜 저 사람은
나보다 잘 팔까?

엇'은 고객과 관계, 신뢰가 가장 중요하다는 것을 알았다. 그 신뢰를 위해 편안하고 아늑한 공간은 '사랑방' 역할을 할 필요가 있었다. 오래 머물 수 있는 친근한 구조로 바꿨다. 미세한 차이의 기존 은행 상품은 특별함으로 변신하고 이슈가 되었다. 은행은 생활 밀착형 공간이다. 새로운 라이프 스타일을 제안할 수 있는 곳이다. 그것이 상품이 된 것이다. 곧 특별한 '무엇'이다. 다시 말해서 고객 중심적인 상품 개발에 성공한 것이다.

반대의 경우는 어떨까? 고객이 원하는 것이 아닌 맛을 개선하고 신제품 기획하고 가격을 조정하고 온라인 채널을 확대하는 등 가게 중심적, 자기중심적인 방향으로 접근할 것이다. 일반적인 방식을 따라하는 것은 낭비다. 자신의 현 주소를 정확히 파악하고 그에 맞는 전략을 찾아야 한다.

상품의 차이는 갈수록 미미하고 섬세해지고 있다. 사용하고 있는 모델에 채 적응하기도 전에 업그레이드된 신상품이 빠르게 출시되고 있다. 이렇게 열심히 노력하고 있는데도 기업의 수익은 쉽사리 늘지 않고 있다. 돌파구를 어디에서 찾아야 하겠는가.

요즘 같은 스마트 소비자는 충성하지 않는다. 브랜드와 자신을 동일시하는 정체성 구매 또는 과시형 소비 패턴이 줄어들고 자신의 이익을 극대화하려는 성향의 실속 추구형 얌체형 소비자가 대세다. e-커머스 고객 혜택도 효율성을 따져 서비스를 종료하고 있다. 티몬은 2013년에 도입한 품절 보상제를 6년 만에 종료하고 사전 마케팅에 집중하고 있다. 이베이코리아는 금년 초 G마켓과 옥션에서 '해피 포인트' 적립 서비스를 종료했다. 11번가는 2016년에 구로와 대구에 운용한 V센터를 금년 초 철수했다. 고객 접근성 한계와 온라인, 모바일의 비대면 서비스 효율이 좋아지고 있기 때문이다.

고객은 합리적인 소비가 일상이 되었다. 최소 몇 개의 채널을 확인해서 상품 특성, 가격, A/S 가능 여부 등을 확인하고 선택한다. 확인할 수 있는 채널은 시중에서 이루어지고 있는 모든 거래라고 해도 과언이 아니다. 오프라인 음식점에서 마냥 고객을 기다리는 것이 어쩌면 시대를 역행하고 있는 느낌이다. 물건을 팔고자 할 때 물건에 몰두해서 연구하고 기능이나 맛을 개선하는 것이 최선이던 시대는 끝났다. 고객이 물건에 관심을 갖도록 하는 노력이 선결 과제이다. 스마트폰에 만물상이 들어 있다. 뜨고 있는 것, 관심 있는 것, 사라지는 것 등이 모두 존재한다. 그런 속성을 가진 '무엇'을 한 번씩 확인한다. '무엇을'보다 '어떻게' 팔 것인가에 집중하려면 '어떻게 하면 '무엇'이 될 수 있을까?'를 생각해야 한다. 특별한 '무엇'이 아니고서는 '어떻게'를 생각할 순서가 아니다. 특별한 '무엇'은 이미 어떻게 팔 수 있을지 특별함에 어느 정도 들어 있다. '어떻게'의 전제 조건이 '무엇'이다.

스타벅스가 사이렌 오더 스마트 주문 시스템을 세계 최초로 우리나라에 도입해서 성과도 좋았다. 이것을 일반 음식점에서 앱을 개발해서 활용한다면 고객은 어떠할까? 상품이나 브랜드 인지도가 형성·구축되었다면 검토할 수 있을 것이다. 고객이 정체성을 공감할 수 있는 노력이 선행되어야 한다. '생산자 직거래'가 성행이다. 특히 유기농이나 친환경 기법으로 만든 재료나 상품은 물량도 제한적이다. 이런 일련의 스토리로 준비된 메뉴가 이슈가 안 된다면 특별한 스토리가 아니라는 것이다. 더 특별함을 강구해야 한다. 그것이 본질에 집중하는 것이다. 어설픈 창작 스토리의 메뉴를 활성화하기 위해 어떻게 팔 것인가에 매달리면 더 큰 손실을 초래할 수 있다. 무리한 마케팅 비용이 발생될 수 있기 때문이다. 기본에 충실하면 본질적인 특별함은 깊은 맛을 낸다.

특별한 무엇을 위해 움프쿠아 은행은 지역 주민과 함께했다. 지역 주민이 고객이다. 지역 주민을 외면한 음식점은 살아남기 어렵다. 메뉴만큼 지역 주민에 공을 들여야 한다. 가까운 이웃이 모르는 특별함은 무의미하다. 고객이 궁금해하는 스토리로 더욱 차별화된 콘텐츠를 찾아야 한다.

『서민갑부』의 저자 채널A제작팀과 허건은 충남 공주에 직접 음식을 준비해 찾아가는 이동식 '공주밥차'를 소개한다.

"밥차는 미리 준비한 식사를 배달하는 방식으로 운영한다. 회사 체육대회장, 각 지방의 축제장 등이 밥차의 주요 배달지다. 이 때문에 주메뉴부터 가격, 식사 장소와 시간까지 모두 고객의 주문에 따라 결정된다. 밥차는 요식업과 서비스업이 결합된 형태라고 보면 된다."**38**

마냥 기다리는 식당에서 직접 찾아가는 영업으로 시장을 확장한 사례이다. 어떻게 팔 것인가에 관한 전형적인 모델 케이스라 할 수 있다. 음식점 규모가 주인의 스케일이 되어서는 안 된다. 내점 고객과 외부 고객을 함께 생각해야 한다. 요즘 배달 서비스는 필수가 돼 버렸다. 상품의 내공이 자리 잡으면 시장은 글로벌이다. 외국인, 관광객 방문이 빈번해지고 실시간 소통이 가능한 시대이다. '공주밥차'처럼 시장을 넓게 접근해야 한다. SNS, 인터넷이 당신의 경쟁력을 전파해 준다.

찾아가는 영업보다 한 수 위는 '찾아오게 하는 영업'이다. 다분히 전략적이어야 한다. 실속 추구형 소비가 대세인 지금 궁극적인 경쟁력을 키워야 한다. 최적의 제휴 파트너십이나 지역 사회를 비롯한 다양한 공유 관계십 등을 궁극적으로 추진해야 한다. 단발성이 아닌 장기적, 전략적으로 임해야 한다. 즉석 조리 상품만이 아닌 소포장 테이크아웃부터 규격과 형식을 벗어난 많은 시장을 경험해 봐야 한다. 모르는 시장은 기회 상실이다. 고정비가 발생하지 않는 판로 확대는 24시간 수입원이 될 수 있다. 아웃스토어(Outstore) 거래를 하면 할수록 어울리는 집중 타깃이 나타날 것이다. 파는 방식은 상품 의존도가 높다. 그러나, 한 가지 판매 방식의 경험은 또 다른 경험을 만들어 준다. 특별한 '무엇'만 있다면 관계와 가치 중심으로 판매망은 확장된다.

경험과 현장은 모든 문제점이자 해답이다

축구장은 경험의 보고이자 역사의 현장이다. 한 선수의 에이매치 (A-Match) 출전 경험은 역사의 현장인 축구장에서 쌓인다. 선수들은 경기가 끝나면 녹화된 화면을 통해 세밀하게 분석한다. 자신의 문제점과 상대편의 단점 등을 정리·분석한다. 선수는 태어나는 게 아니라 이렇게 만들어진다. 유기체인 현장은 관찰과 변화를 요구한다.

시간은 모든 사람이 똑같이 공정하게 지니고 있는 단 한 가지 자산이다. 또한 시간은 갖고 있는 사람이 스스로 선택하여 쓸 수 있는 유일한 자산이기도 하다. 지금까지 성공한 사람들을 살펴보면 대개 한 가지 일을 최소한 1만 시간 넘게 했다는 공통점을 지니고 있다. 1만 시간이 넘게 노력과 연습에 투자해 성공을 이뤘거나 최소한 성공의 발판을 마련했다.[39]

시간이라는 요건 외에도 선천적인 재능과 노력, 환경의 영향이 크다는 결과도 있다. 1만 시간이라는 것은 상징적인 의미로 받아들여야 할 것이다. 왜냐하면 통계적인 의미이고 또 다른 변수가 함께 검토되지 않았기 때문이다. 그렇지만 노력을 의미하는 시간의 절대성은 결코 경시할 수 없는 요인인 것은 분명하다. 1만 시간을 경험해 본 사람들은 누구나 느낄 수 있는 내용이다. 축구 선수처럼 오프라인 현장과 밀접한 관련이 있는 경우는 더욱 그러하다.

어느 한 직업에서의 경력이 20년이 넘어가면 1만 시간의 법칙을 넘어서는 또 다른 경험을 필요로 한다. 반복되는 경험을 통해 더 깊이 있는 성찰도 가능할 수 있으나 다른 분야를 경험함으로써 기존 경험도 응용·업그레이드할 수 있다. 다양한 분야의 섭렵은 객관적이고 종합적인 안목을 생성시킬 수 있다.

페이스북의 창립자 마크 저커버그가 지난 해 링크드인의 창립자 허프만과의 인터뷰에서 밝힌 페이스북 성공 전략이다.

"페이스북의 전략은 사람들이 우리가 무엇을 해주기를 바라는지 가능한 빠르게 배우는 것이며, 이를 위해서는 실험하고 실패할 수 있도록 장려하는 문화가 있어야 합니다. (…) 특정 시점에 페이스북은 하나의 버전만 운영되는 것이 아니라 거의 1만 개의 버전이 운영됩니다. 이렇게 실험할 수 있는 프레임 워크를 구축한 일은 페이스북 성공의 핵심으로 자랑스럽게 생각하는 것 중에 하나죠."

현장은 수많은 변수들이 산재하고 있는 역동적인 공간이다. 그 현장에 어떤 문제점을 개선하기 위해 새로운 변수를 투입하려면 다각적인 시뮬레이션을 거쳐야 한다. 영업 현장은 주변 매장이나 고객, 직원의 움직임을 경우의 수만큼 고려해야 한다. 빠트리거나 잘못된 시뮬레이션을 하게 되면 실수가 아닌 실패로 이어진다. 실험은 말 그대로 실제 상황처럼 경험해보는 것이다. 정적인 현장이 아니므로 흐름 속에 변수를 녹여 내는 것이다. 이 실험을 상당수가 사무실에서 하거나 한두 번 현장을 둘러보고 결정한다. 오류나 실패의 가능성이 더 큰 이유다. 현장에서 투입할 변수의 분해 과정을 최대한 정확하게 살펴야 한다. 이 때야말로 1만 시간의 법칙처럼 인고의 노력이 필요하다.

페이스북 실험 정신이 오프라인에 적용되는 것이라면 새삼 더 연구가 필요하다. 하지만, 온라인에 국한된 실험이라면 1만 개 버전이 1만 시간의 오프라인 경험을 모두 담아내기 어렵다. 온라인 전용 마케팅 전략이나 관리 기법을 오프라인에 도입할 때는 신중해야 한다. 현장의 생리는 온라인과 별개이기 때문이다. 옴니채널이 쉽지 않은 이유이기도 하다.

현장의 문제는 즉각적인 또는 시의적절한 대응과 조치가 필요한 때가 많다. 최근 트렌드인 스타트업에 관해 'Lean Start-up'이 대두되고 있다. 즉 완벽한 준비는 불가능하고 도전적으로 시장에 노출하여 신속하게 고객 반응(Reaction)을 반영, 업그레이드하는 것이 바람직하다는 것이다.

스피드, 모바일이 점령한 '시간'의 빛과 그림자, 당신은 어느 쪽에 설 것인가? 마크 저크버그의 실패를 장려하는 도진 정신을 발휘해야 한다.

현장과 경험의 적극적인 문제 해결을 위해 수시로 가 봐야 할 곳이 있다. 축구 선수들은 경기 종료 후 녹화 화면 분석으로 부족한 경우에 관중석을 찾는다. 경기장을 선수가 아닌 객관적인 심판과 관중의 입장에서 볼 필요가 있다. 다른 선수들의 장단점도 새롭게 발견할 수 있고 좀 더 넓고 멀리 보는 안목도 키울 수 있다. 전국 백화점의 영업 형태는 각각의 점포마다 특장점을 가지고 있다. 그 때문에 모든 점포가 각자에게 부족한 것, 새로운 것을 알려 주는 큰 스승이다. TV 모니터에서는 볼(Ball) 중심의 중계 카메라 영상밖에 볼 수 없다. 그러나, 관중석에서는 선수들 움직임, 거친 숨소리를 비롯한 훨씬 다양한 것을 볼 수 있다.

평범한 회사원이던 커피큐브 L대표는 7년간 회사생활과 창업 준비를 병행했다. 퇴근 후 커피 전문점을 돌며 커피 찌꺼기를 모아 밤새 말렸다. 하루 2~3시간을 자며 연구에 매진한 끝에 친환경 '커피 점토'를 만들었다. 이 점토를 활용해 교육용 키트·벽돌·화분·캐릭터 조형물 등 다양한 상품을 만들어 판다.[40]

플랫폼을 통해 공짜로 조달한 원재료를 가공·제품화해서 고부가가치를 창출하는 사업이다. 버려지는 커피 찌꺼기를 현장에서 유심히 관찰해 친환경 벽돌까지 생산하고 있다. 항상 귀찮고 힘든 곳에 문제와 답이 있다. 경기도 안양시의 커피숍을 밤늦게 수거하면서 겪은 숙제를 '커피클레이'라는 플랫폼을 만들어 해결했다. 순식간에 전국의 커피숍과 거래하게 되었다.

현장의 매력은 경험으로 포장된다. 매장마다 천장과 집기에 조명이 설치돼 있고 곳곳에 고객용 휴게 의자가 비치되어 있다. 한 층에 수천 개의 조명이 동시에 상품과 매장을 제각각 비추고 있다. 메인 상품의 스포트라이트를 비롯해 조명 하나하나가 의미 있는 몸짓으로 존재감을 보이고 있는 것이다. 수천 개 조명의 조도는 매일 현장을 체크하지 않으면 변화를 쉽게 인지하기 어렵다. 전구가 사전에 예고하고 종말을 고하지 않고 수명도 정확히 알 수 없기 때문에 하루 일과 중 수시로 확인하게 된다. 특히, 대부분의 조명은 고객 동선 쪽에서 보이도록 설치되어 있어서 매장 안에 있는 직원들은 확인이 쉽지 않다. 경험을 통한 직관에 의존할 수밖에 없는 것이다. 낯선 그림자나 상대적으로 어두운 상품 등에서 감지해야 한다. 예전에 모셨던 대표이사는 자주 꺼져 있는 조명의 수명을 스스로 체크해 주기마다 특별히 확인을 했다고 한다. 수천 개를 일일이 확인하는 것도 어렵기 때문이다. 고객용 휴게 의자도 마찬가지다. 하나하나 상태를 전부 확인은 못하고 놓인 위치가 틀어졌거나 주변 청소가 미비한 경우 의자에 앉아보기까지 해야 한다.

직접 고객의 눈높이로 체험을 해야 하기 때문이다. 이런 경우 의자도 지저분하고 의자 다리도 고장인 경우가 많다. 고객 안전사고로 이어질 수 있는 문제이다.

현장은 병도 주고 약도 준다. 제대로 경험을 쌓은 사람에게 해당되는 이야기다. 현장은 거짓말을 안 한다. 그래서 기업의 현 주소라고 한다. 주방이나 매장의 현상 그 자체가 매출과 관리 상태를 가늠하게 해준다. 이런 현장의 운명은 경험의 주인공에 달려 있다. 한 달이 지나도록 꺼진 조명에 상품이 놓여 있거나 집기 모서리 완충제가 떨어지게 방치해서 사고 위험을 높여서는 안 된다. 현장은 이렇게 사소한 것부터 관리해야 한다. 문제점 발견보다 더 중요한 것이 신속한 해결이다. 해결 속도와 개선의 정도가 그 매장의 경쟁력이다. 페이스북의 실험·실패 장려는 기본 구성 요건의 문제없음을 전제로 1만 개의 버전을 운영할 것이다. 병과 약은 기본적인 건강을 유지하고 있는 사람한테 의미가 있다. 경험이 현장의 건강 상태다.

직원부터 감동시켜라

너는 내가 세운 뜻으로 너를 가두지 말고, 네가 정한 잣대로 남을 아프게 하지도 마라. 네가 아프면 남도 아프고, 남이 힘들면 너도 힘들게된다. 해롭고 이롭고는 이것을 기준으로 삼으면 아무 탈이 없을 것이다.

세상 사는 거 별거 없다. 속 끓이지 말고 살아라. 너는 이 애미처럼애태우고 참으며 제 속을 파먹고 살지 마라. 힘든 날이 있을 것이다. 힘든 날은 참지 말고 울음을 꺼내 울어라. 더없이 좋은 날도 있을 것이다.그런 날은 참지 말고 기뻐하고 자랑하고 다녀라. 세상 것은 욕심을 내면 호락호락 곁을 내주지 않지만 욕심을 덜면 봄볕에 담벼락 허물어지듯이 허술하고 다정한 구석을 내보여 줄 것이다.

별것 없다. 체면 차리지 말고 살아라. 왕후장상의 씨가 따로 없고 귀천이 따로 없는 세상이니 네가 너의 존엄을 세우면 그만일 것이다.

아녀자들이 알곡의 띠끌을 고를 때 키를 높이 들고 바람에 까분다.

뉘를 고를 때는 채를 가까이 끌어당겨 흔든다. 띠끌은 가벼우니 멀리 날려 보내려고 그러는 것이고, 뉘는 자세히 보아야 하니 그런 것이다. 사는 이치가 이와 다르지 않더구나. 부질없고 쓸모없는 것들은 담아두지 말고 바람 부는 언덕배기에 올라 날려 보내라. 소중하게 여기는 것이라면 지극히 살피고, 몸을 가까이 기울이면 된다.

임태주 시인의 어머니가 아들에게 쓴 편지 중 일부이다.

매출에 죽고 사는 피비린내 나는 사업 전선에서 오늘도 푸념 섞인 한숨을 내쉬며 늦은 밤 가게 문을 닫는 자영업자들이다. 어깨는 무겁지만 마음만은 꿈과 사랑을 간직한 채 험난한 역경을 견디고 일어서리라는 다짐을 한다. 내가 흔들리면 가족도 직원도 흔들리기에 외롭지만 담대하게 고비 고비를 삼킨다. 내일은 더 뜨거운 태양을 맞이할 것이라 기원한다.

'인사가 만사다', '똑똑한 직원 한 명이 열 명을 먹여 살린다'라는 말이 있다. 직원의 능력이나 관리에 관한 책자나 교본, 매뉴얼 등은 엄청나게 많다. 사람들 개성과 기업의 종류만큼 다양하고 깊이 있게 연구 분석한 자료들이다. 시대가 아무리 바뀌어도 직원에 대한 관심은 줄지 않고 있다. 워라밸, 워커밸 등 새로운 트렌드 등장에 최저임금 인상까지 자영업자들에게 대단히 힘든 고비다. 주변 지인들 중 가게를 접겠다는 사람이 적지 않다.

규모가 적은 자영업일수록 직원 한 사람 한 사람의 역할과 비중이 크다. 주방과 홀을 동시에 관리하고 재료까지 수급하는 1인 3역의 멀티플레이어가 출현하고 있다. 주인보다 더 훌륭한 직원이다. 직원이 젊거나 나이를 좀 먹었거나 함께하는 동료이다. 스스로 떠나지 않는 이상 운명 공동체이다.

사람 구하기 어렵다고 한다. 거기서부터 바꿔야 한다. 재능이 뛰어나고 열정이 넘치는 사람이 세상에 적지 않다. 그런데 왜, 내 가게에 내 회사에는 안 올까? 이상과 현실의 차이가 있다면 비전으로 설득할 수 있다. 비전도 현실도 유쾌한 조건이 아니라면 우수 인재가 올 리가 만무하다. 현실을 주인부터 직시해야 한다. 얼마나 큰 야망을 가지고 있고 실현 가능성, 지속 가능성은 어떠한지를 자신 있게 제안할 수 있어야 한다. 알바부터 시작해 갑부가 되는 세상이다. 알바이든 직원이든 비전이 없으면 단호하게 결단하는 세상이다. 정으로 인맥으로 운명까지 같이하지 않는다. 성과를 낼 수 있는 운영과 도전이 없으면 고객도 직원도 고개를 돌릴 수밖에 없다. 칭찬해라! 소통해라! 설득해라! 이런 주문만으로 역량 향상은 쉽지 않다. 자영업에서 배울 수 있는, 얻어갈 수 있는 최댓값을 업그레이드하는 것이 급선무이다.

고객이 평가하는 점수보다 직원이 평가하는 점수가 높기 어렵다. 고객은 한 끼 식당이지만 직원은 꿈을 꾸고 실현하는 터전이기 때문이다. 대기업 젊은 직원들도 비슷한 생각을 한다. 상대가 좋고 나쁨이 아닌 나와 맞느냐 안 맞느냐를 중요시한다. 생존의 끝자락에서 허우적거리는 신세라고 비하하면 더 빨리 무너질 것이다. 생계형 자영업자나 대기업 오너나 똑같은 주인이다. 주인의 본분을 다해야 한다. 나를 믿고 선택한 직원에게 신뢰로 답해야 한다. 진정한 배려와 목표를 공감해야 한다. 급여와 휴식은 기본이다. 날개를 달지 않으면 추락한다. 직원은 자긍심이 엔진이고 성장 동력이 액셀러레이터다. 관리 대상이 아닌 자유롭게 날갯짓하는 시인을 지켜보는 어머니면 된다. 소중한 가치를 깨달은 직원은 주인을 스승이라 여긴다.

가게보다 직원이 명물이 되어야 한다

'시식의 달인' 안양중앙시장의 '송일형 수제어묵' 가게 이야기다.

시장 손님들의 혼을 쏙 빼놓는 현란한 말재간과 익살스러운 표정으로 시식용 어묵을 권하는 일형 씨. 그의 가게 앞은 일형 씨의 재미난 말투에 발걸음을 멈춘 사람들로 언제나 북적인다. 그렇다 보니 그냥 지나가려던 사람들도 무슨 일인가 싶어 호기심을 보인다.

"우리 집 어묵은 사 가면 감춰놔야 해. 안 그러면 애들이 그 자리에서 다 먹어버리거든", "한 개 먹으면 배 아프고, 하나 더 먹으면 배가 안 아파. 그니까 알아서 잡숴."[41]

시식을 구매와 관계없이 잠재 고객과 신규 또는 추가 구매를 유도하기 위한 투자로 보는 생각이다. 구매는 둘째치고 시식도 안 하고 지나

가는 고객이 더 서운하다는 것이다. 시식이 활성화되면 그 가게 앞에는 항상 고객들이 장사진을 이룬다. 시식 행사는 보통 가격 할인이나 증정 프로모션, 신제품 홍보 시 자주 활용된다. 이때마다 시식 행사를 진행하는 직원을 보면 붙임성 좋은 입담꾼에 액션이 와일드한 사람인 경우가 많다. 볼거리와 먹거리가 동시에 제공되는 핫 플레이스가 된다. 1~2개월에 한 번 정도 약 7일간 진행하는 행사 직원을 기억하는 고객들이 꽤 있다. 퍼모먼스 능력이 뛰어날수록 많은 고객이 기억한다. 그리고 수제어묵처럼 맛도 훌륭하다면 꼭 다시 찾아온다. S대표는 밑바닥부터 경험한 자수성가형 노력파다. 직접 고객을 응대하면서 체득한 노하우를 계속 업그레이드해서 지금까지 온 것이다.

체험하는 매장, 체험 이벤트, 체험 공모 등 고객에게 체험 콘텐츠를 제공하려는 노력이 강화되고 있다. 그런데 상시 매일 진행할 수 있는 체험이 시식 행사다. 시식을 싫어하는 고객은 없을 것이다. 단지 주인 입장에서 시식을 비용 관점으로 바라보는 일부 가게는 적극적으로 진행하지는 못한다. 또 직원들의 시식 행사에 대한 호불호가 뚜렷하다는 점도 있다. 능동적이고 적극적인 직원일수록 고객과 자주 소통하고 부대끼려 한다. 고객은 먼저 말하기를 꺼린다. 직원이 말을 건넸을 때 상황에 따라 반응을 나타낸다. 시식 행사는 좋은 매개체다. 그것을 활용할 줄 아는 사람은 신박한 보물이라 생각한다. 보물은 명물인 직원만 알아본다.

입담은 소통이다. 시식은 체험이다. 명물은 가치다. 주저할 이유가 없다. 길을 터줘야 한다. 끼를 발산하도록 장려해야 한다. 개방적인 기업 문화가 필요하다. 끼로 똘똘 뭉쳐 있는 직원은 곳곳에 많다. 끼를 발산하면 할수록 즐겁게 말하는 고객이 늘어나고 무대는 넓어진다.

암호화폐공개(ICO) 성지라 할 수 있는 크립토밸리(Crypto Valley)를 마련한 '마티아스 미쉘' 스위스 추크주(州) 경제장관은 앞으로는 신속 유연하게 시대적인 변화 흐름을 주도하겠다고 한다. 2016년부터 암호화폐로 세금을 받은 '세계 최초의 행정구역'이 되었고, 그 결과 인구 3만명 소도시에 4만여 개 기업을 유치하는 세계 최대의 크립토밸리로 재탄생하게 됐다. 암호화폐의 투기 우려에 대해 '샌드박스(Sandbox)' 얘기를 했다. 일정 크기의 모래 상자에 아이를 넣어두고 맘껏 놀게 하는 것이다. 그 상자만 벗어나지 않는다면.

샌드박스(Sandbox)를 벗어나는 아이는 사이즈 확대나 이동을 요구하고, 그 안에서 맘껏 노는 아이는 깊이와 응용을 보여 줄 것이다. 전제 조건은 맘껏 뛰고 놀 수 있는 것이면 족하다. 그러면 아이들은 스스로 자율의 리스크와 기회를 알게 될 것이다. 샌드박스는 간접적이고 가변적인 울타리다. 리스크와 기회는 공존한다. 맘껏 놀 수 있으면 당신만의 크립토밸리가 조성될 것이다. 당신을 당신에게서 풀어줘라. 그것이 샌드박스의 요건이다.

즐거움과 재미를 직원들 스스로 창출하면 여러 가지 장점이 있다. 고객이 가장 즐거워하고 직원들과 친해질 수 있다. 그러면 자연스럽게 가게 간판보다 직원의 이름을 먼저 기억한다. 상품이나 가게보다 사람을 보고 고객은 신뢰도를 판단한다. 즐거움은 범위와 대상을 확장하는 속성이 있다. 웃음은 또 다른 웃음을 불러오디. 또한 직원들의 즐거움은 움직이는 홍보물이 되어 도처에 가게를 알리는 효과도 있다.

광대나 개그맨을 육성하는 것이 아니다. 진정한 프로 비즈니스맨을 향한 문호를 개방하라는 것이다. 책임과 의무를 다하고 맘껏 개성을 펼칠 수 있는 매너 있는 전문가에게 박수를 보내는 것이다. 명품 직원이 명품 매장을 만든다. 맛이나 서비스로 소문난 명성은 그 직원에게 카메라를 집중시킨다. 선수 육성이 감독의 역량이듯이 직원 육성은 주인의 역량이다. 반복되는 일상은 직원들에게 약이자 독이다. 꾸준히 유지해야 하는 콘셉트와 새로운 모티브를 끊임없이 찾지 않으면 직원 편의에 잠식되고 만다. 즐거움은 흥미와 열정에서 나온다.

매출이 부진할 때일수록 명물은 몸값을 한다. 직원들에게 투자해야 한다. 전문 소양 학습이나 개인의 역량 개발을 도와야 한다. 다른 가게보다 더 나은 실적을 만들려면 더 나은 직원 없이 쉽지 않다. 직원은 미래 가치이기도 하다. 장기적 관점에서 투자해야 한다. 스스로 독립할 수 있도록 육성해야 한다. 그 과정에서 명물은 배출된다. 힘들수록 아끼면 안 되는 것이 직원 역량에 관한 투자다. 더 좋은 기술이나 노하우 습득, 우수 현장 견학, 개인 취미 장려 등을 지금 지원하지 않고 있다면 그 직원은 명물이 되기 어렵다. 끊임없이 업그레이드해야 되는 시대이다. 따라서 가게와 고객은 어설픈 중매인을 통해 연결되어 있는 것과 같다. 한시적인 관계에 지나지 않는다.

시식과 유사한 고객과의 훌륭한 매개체 개발을 위해서라도 직원들의 다양한 경험과 감성 촉매제가 필요하다. 수입산 재료의 원산지 현장 견학을 다녀온 직원은 상품 설명에 엄청난 탄력이 붙을 것이다. 신뢰감이 넘치는 생생한 현장 스토리에 고객은 궁금한 것이 있을 때마다 그 직원을 찾게 된다. 글로벌 식탁이고 글로벌 메뉴가 넘쳐나는 세상이다. 주기적으로 체험 기회를 제공하거나 지원해 준다면 직원들은 반드시 적극 호응할 것이다.

백화점의 경쟁자는 테마파크나 야구장이라고 한다. 음식점의 경쟁자는 옆집이나 앞집이 아니다. 사람이 모이는 곳이나 즐기는 곳이 모두 경쟁자다. 돈은 사람과 재미를 좇는다. 패러다임을 바꿔야 한다. 음식에 꿈과 즐거움을 담으려면 꿈이나 즐거움이 많은 곳을 자주 경험해야 한다. 양념과 소스 등 독특한 감미료 개발에만 몰두하면 잘해야 미각밖에 충족시키지 못한다. 당신의 가게를 키울 수 있는 직원은 의외로 바깥 시장에 관심이 많다. 자기가 알고 싶은 새로운 것을 고객과 함께하려는 것이다. 새로운 것, 궁금한 것을 체험하고 응용하면 자신감과 적응력이 가게를 지켜 준다. 직원의 경쟁력이 가게의 경쟁력이다. 스위스 샌드박스처럼 직원의 창조 모드를 활짝 펼치면 가게는 보물섬이 된다.

고객은 자신감 넘치는 가게를 신뢰한다

영화가 끝날 즈음에야 영화관에 들어갔다면 행복한 결말밖에 보지 못했을 것이다. 이제 그 영화 전체를 보기 위해 자리에 계속 앉아 영화가 다시 상영되기를 기다린다. 용두사미의 결말이지만 주인공은 거짓된 증거에 비난받고 에워싸이면서 관객들의 눈물을 짜내려 한다. 하지만 그 결말을 알기 때문에 편안함을 유지할 수 있는 그대는 지금 영화가 전개되는 모습과는 상관없이 확실한 결말에 대한 앎을 지녔기 때문에 평정을 유지할 수 있다.

이와 같은 방법으로 그대가 구하고자 하는 것의 결말로 가라. 그곳에서 소망하던 모습, 혹은 갖고 싶던 것을 얻은 그대의 모습을 의식 속에서 느껴라. 그렇게 한다면 결말에 대한 앎에서 태어난 확신을 지니게될 것이다. 이 앎으로 인해, 삶의 영화가 전개되는 시간 동안 흔들리지 않을 것이다.[42]

자신감을 가지려면 자기 확신이 필요하다. 막연하고 불안한 세상에서 자신도 불확실한 관념을 가지고 있다면 세상이 요동치고 흔들리는 것보다 더 심하게 흔들릴 것이다. 세상의 흔들림에 자신을 맡길 용기도 부족해서 허둥지둥 갈피를 못 잡을 테니 말이다.

바다에서 나룻배를 타고 있다가 밀려오는 파도를 만났을 때 자연스럽게 순응하면 더 안전하다. 반대로 파도에 흔들리지 않으려고 발버둥치면서 움직이게 되면 배는 중심을 잃고 침몰하기 쉽다.

가장 안전하게 가려는 것이 가장 불안한 방법이다. 즉, 가장 안전한 방법이 가장 불안한 방법일 수 있다. 리스크를 최소화하는 것이 가장 안전한 방법이 아니다. 여러 가지 변수를 다각도로 검토해서 대응 조치를 취했다고 안전이나 성공이 보장되는 것이 아니다. 가장 근본적인 미래지향적 접근이 필요하다. 바로 자기 확신이라는 정체성이다. 예측 불허 변수들이 많은 시장 환경을 극복해 나가야 한다. 자기 확신은 자기만의 철학이다. 그것이 곧 자신감이다.

경험하지 않은 것에 과감히 도전하는 용기도 자신감에서 나온다. 자신감은 쌓이는 것이지 쌓는 것이 아니다. 어떤 일에 대한 도전을 통해 성패를 떠나 부수적으로 얻는 것이다. 자신감만을 위해 도전하는 일은 거의 없다. 자신감은 매사에 자기 철학을 갖고 임하게 되면 차곡차곡 깊이를 더해 간다. 주도적으로 생활을 즐기고 지배하면 자신감의 뿌리는 흔들림이 줄어든다. 자신감은 생활에 있고, 실행을 통한 경험에 있다.

왜 저 사람은
나보다 잘 팔까?

자신감 넘치는 이미지 메이킹 사례가 있다. 2009년 미국에서 버거킹이 진행한 페이스북 캠페인 'Whopper Sacrifice'는 페이스북 계정 보유자가 친구 10명과 관계를 끊으면 와퍼를 공짜로 먹을 수 있는 쿠폰을 제공하는 것이다.

노르웨이의 버거킹도 비슷한 유형의 충성 고객 찾기 이벤트를 실시하였다. 2013년 12월 노르웨이 버거킹은 진정한 충성 고객을 가려내기 위하여 약 3만 8천 명의 페이스북 친구들을 대상으로 'Whopper Sellout' 캠페인을 실시하였다. 내용은 자신이 가짜 팬임을 인정하면 페이스북 친구 삭제와 동시에 경쟁사 브랜드인 맥도날드 '빅맥' 공짜 쿠폰을 제공하는 것이다. 그 결과 약 3만 명의 가짜 친구를 가려내고, 8,481명의 진짜 열성 팬을 찾아냈다.

지난해 12월, 버거킹의 모바일 앱을 홍보하기 위한 목적으로 'Whopper Detour' 캠페인을 진행했다. 이 광고는 그해 칸 광고제 3개 부문 그랑프리를 석권하는 기염을 토했다. 버거킹 와퍼를 1센트에 먹는 방법은 이렇다. 버거킹 모바일 앱을 다운받고, 맥도날드 매장의 약 180미터 내에서 앱을 실행하면 근처 버거킹 매장에서 와퍼를 1센트에 먹을 수 있는 쿠폰이 제공된다.

오직 맥도날드 매장 근방에서만 버거킹 쿠폰을 받을 수 있다'는 참신하고 도발적인 발상 덕에 역시 버거킹답다는 평가와 함께 소비자들로부터 큰 반응을 얻었다. 캠페인 진행 결과 버거킹 모바일 앱은 9일 만에 다운로드 수 150만 회를 돌파하며 애플 앱스토어와 구글 플레이 전체 다운로드 순위 1위를 차지하는 놀라운 성과를 거둔다.[43]

친구와 비교하고, 진짜 충성 고객을 찾아내고, 경쟁사 코앞에서 발길을 돌리게 만드는 캠페인은 버거킹의 정체성을 잘 반영했다. 경쟁사인 맥도날드보다 더 큰 가치에 비교함으로서 버거킹 고객의 충성도를 강화했다. 고객은 버거킹의 캠페인에 중독되어 갈 것이다. 광팬을 만드는 과정이 훨씬 흥미로움을 자아냈고 일부러 경쟁사 매장 근처까지 찾아가게 하는 재미있는 해프닝 연출은 인상적인 체험을 안겨 주었다. 자신감의 강도는 매출 순위와 비례하지 않는다는 것을 잘 보여준다.

> 샤넬 화장품이 1월 30일부로 퇴점하였습니다.
> 구입을 원하시는 고객님은 인근 '신세계 백화점 본점 1층'을
> 이용해 주시기 바랍니다.

2009년 1월 30일 롯데백화점 본점 1층에 게시된 안내문이다. 본점을 비롯해 7개 점포에서 퇴점한 샤넬 화장품을 찾는 고객들이 혼란을 겪는 것을 막기 위해 점포마다 이와 같은 안내문을 비치했다. 점포별로 가장 가까운 경쟁 백화점 이름을 거명하며 대체 점포에서 활용하도록 했다. 당초에는 '인근 ○○○백화점을 이용해 주시기 바랍니다'라는 문구를 준비했다가 고객 불편을 최소화하기 위해 인근 점포명까지 안내하는 내용으로 바꾸게 되었다.

경쟁사보다 고객을 먼저 생각하는 자신감 넘치는 배려이다. 샤넬 화장품 고객은 감명 깊은 체험을 하게 되었고 해당 백화점의 그릇을 느꼈다. 퇴점이라는 변수와 샤넬이라는 주인공이 고객에게 암시하는 메

시지는 상당히 무거웠을 것이다. 그 당황스럽고 무거운 메시지가 자신감을 통한 무한 신뢰로 승화된 것이다. 경쟁사와 치열하게 전쟁은 치르되 고객 앞에서는 전쟁보다는 진정한 배려가 우선인 것이다. 자신감과 용기가 더 큰 배려를 낳았다. 이 경험은 직원들이나 고객에게 새로운 이정표가 되었다. 지금은 다시 입점해서 영업 중인 샤넬 화장품은 잊지 못할 추억을 고객들과 함께할 것이다.

金(금)대리, 銀(은)과장, 銅(동)차장, 鐵(철)부장이 요즘 이직 시장에서 선호하는 순서란다. 메뚜기도 한 철이라는 데 어쩌면 당연한 일이다. 다 그 나름대로 의미는 있겠지만, 시장은 차갑고 냉정하다. 그동안 직장 생활을 돌이켜보면 신입 사원으로 입사해서 얼마되지 않아 퇴직한 경우가 가장 많았다. 이유는 상사나 적성 등 여러 가지였고 대부분 1년 이내에 이루어졌다. 아마도 '純金(순금)' 사원'의 자신감과 패기는 시장성이 충분하기 때문이다. 만만찮은 경쟁을 뚫고 입사한 사람들이 짧은 시간 안에 방향을 바꾼다는 것이 시사하는 바가 크다. 인생에 대한 자신감이 결코 모자라지 않는 시절이다. 그 자신감은 경험하지 못한 세상의 가능성에 대한 도전과 열정이다. 金대리는 바다를 두려워하지 않는 자신감이고, 鐵부장은 파도를 극복할 줄 아는 자신감이다. 모두 자신을 위한 자기 확신이다. 그릇과 배려의 차이다. 자신을 위하는 것이 고객을 위하는 것이다. 버거킹 캠페인과 백화점 안내문은 金대리 작품이 아니다. 鐵부장의 경험은 파도뿐만 아니라 바다를 향해야 한다. 그것이 파도의 가치다.

부단한 도전은 젊은이의 특권이자 鐵부장의 양심이다. 양심은 최후의 보루이다. 자신감은 도전으로 표현된다. 도전하는 모습에 고객은 매료되고 중독된다. 가게에 대한 신뢰다. 鐵부장의 가치는 도전을 통해서 거듭날 수 있고 고객이나 시장도 그것을 원하고 찾는다. 도전은 도전자가 챔피언에게 벨트를 빼앗기 위한 것이라기보디 鐵부장의 누런 색깔 벨트를 단단히 조이기 위한 것이다. 축 처진 아랫배에 어울리는 벨트일 수도 있고 오래된 중고차에 어울리는 안전벨트일 수도 있다. 鐵부장은 조여진 벨트 안에서 편안히 숨을 내쉰다. 헐거운 벨트는 조금씩 주저앉게 만든다.

디테일이 최고의 경쟁력이다

한국 농촌 경제 연구원의 2018년 외식업 경영 실태 조사 보고서에 따르면 사업장의 매출이 낮을수록 완전 서비스의 비중이 높고, 사업장의 매출이 높아질수록 완전 서비스 비중이 점차 낮아짐을 알 수 있다. 즉 연 매출 5억 원 이상(55.4%) 대비 5천만 원 미만(69.8%) 업소가 완전 서비스 비중이 14.4% 높고 매장 외 취식 비중인 테이크아웃과 배달 비중이 11.7% 더 낮음을 알 수 있다. 완전 서비스는 반찬부터 식사까지 모든 음식 서비스를 제공하는 경우를 말한다.

매출이 낮은 업소일수록 전체 매출 증대를 위해서는 매장 외 매출 증대가 절실히 필요하다는 것을 알 수 있다. 일부 맛집을 제외하고는 협소한 매장 구조에서 매출 극대화는 한계가 있다. 따라서 공간의 제한을 받지 않는 매장 외 매출 증대가 중요할 수밖에 없다. 매장 외 매출 증대 요소인 테이크아웃과 배달 등의 중요성을 실감하게 된다. 프랜차이즈 형태는 상대적으로 테이크아웃과 배달의 비중이 높은 것으로 나타났다. 프랜차이즈가 테이크아웃과 배달 합계가 44.2%인데 비해 비프랜차이즈의 경우 19.6%에 그쳤다. 프랜차이즈의 표준화된 매뉴얼과 상품 포장의 디테일, 브랜드 인지도 등으로 인해 장외 매출에서 훨씬 장점이 많다.

비프랜차이즈 외식업소의 완전 서비스 비율은 71.9%로 상당히 높은 반면 프랜차이즈 외식업소의 경우는 38.6%에 불과하다. 무인 주문기 사용률은 전체 외식업 평균 0.9% 수준으로 극히 미약하지만, 매출이 많을수록 무인 주문기 사용 비중도 높게 나타났다. 외식업체 7.6%가 배달앱을 사용하고 월평균 비용은 25만 원 수준이다. 배달 대행을 이용하는 업체 비중은 5.4%에 월평균 비용은 47만 원 수준이다.

배달 대행 서비스를 이용하면 직접 배달 직원을 채용하는 것보다 30% 정도의 비용 절감이 가능하다. 배달 대행 업체를 이용하는 배달이 주가 되는 가게는 후미진 골목 등의 위치에서 최소한의 규모로 운영할 수도 있다. 매장 외 매출은 선택이 아니라 필수다. 테이크아웃과 배달 고객을 위한 포장의 디테일과 라스트 마일 서비스의 차별화는 심도 있는 분석과 접근이 필요하다. 고객은 최종 상품을 수령하는 순간의 맛과 서비스를 기억하기 때문이다.

라스트 마일 딜리버리는 상품이 목적지에 도착하기까지의 전 과정을 뜻하는 말이다. 즉, 배송 품질 경쟁에서 차별화를 꾀하려는 데 주안

점을 둔 신조어이다. 최근에는 새벽 배송업체의 포장재 등 과대 포장이 큰 이슈가 되었으나 점차 줄어들고 있는 추세다. 라스트 마일은 고객에게 상품을 최종적으로 전달하는 역할이 핵심이다. 배송은 고객을 찾아가는 비즈니스다. 음식 배송은 보관이 용이하지 않은 직접 전달의 경우가 많다. 여기에 엄청난 잠재 요소가 숨어 있다. 전달 과정에서 고객의 다양한 반응과 의견 수렴이 가능하기 때문이다. 단순히 배송 비용 개념으로만 바라볼 것은 아니다.

앞으로 배달 고객은 늘어날 수밖에 없다. 상품을 아무리 맛있고 예쁘게 포장해서 전달해도 식당에서 직접 먹는 고객처럼 반응을 정확히 확인할 수 없다. 그래서 다양한 방법으로 이용 후기를 올리도록 하고 있다. 배달 대행업체에 의뢰하고 있는 현실의 개선안을 장기적으로 검토할 필요가 있다. 상품만을 전달하는 배달 기능에서 이용 고객 반응 수렴 외에 추가 판매 등 전문화, 차별화 방안이 필요하다. 배달을 병행하는 비프랜차이즈 업소의 경우 특히 배달 고객 확대를 위해서 차별화 전략이 절실하다. 프랜차이즈 업소의 경우는 즉석 조리 음식뿐만 아니라 HMR(Home Meal Replacement, 가정식 대체 식품) 등 전처리 가공 식품까지 구색을 다양화할 필요가 있다.

미국의 천문학자 칼 세이건은 "나는 믿고 싶지 않다. 나는 알고 싶다"라고 말했다. 남의 의견이나 말을 그대로 믿기보다는 직접 보고 이해하고 깨닫고 싶다는 것이다. 정확히 알고 싶다는 것이다. 칼 세이건은 미지의 세계인 우주에 대해서 무작정 전례를 따르지 않고 자유로운 탐구 정신을 통해 새로운 진리를 발견하려고 했다. 매우 디테일한 자세로 과학의 대중화에도 노력했다. 혼돈의 우주 질서를 파악하고 분석하려는 위대한 사명감을 지니고 있었다.

매장 사이즈가 아주 작은 5평 내외부터 수백 평까지 계약 면적을 기준으로 운영·관리한다. 4차 산업혁명의 21세기에는 결코 맞지 않는 말이다. 시공간을 초월하는 사이버 매장과 배달 등을 통한 신규 매장이 계속 늘어나고 있다. '시장'의 확대가 아닌 '매장'의 확대가 이루어지고 있는 시대다. 시장이 공동의 공간이라면 매장은 내가 만든 공간이다. 즉, 내가 영업할 수 있는 공간을 매장이라 할 수 있다. 칼 세이건이 믿지 않고 알고 싶다고 한 궁금증과 호기심이 위대한 업적을 낳았다. 공간의 틀 안에 갇혀 있는 사고는 알고 싶은 것이 공간 사이즈만 할 것이다. 그 사이즈를 능가하고 초월하는 새로운 매장은 알고 싶은 범위의 조정을 통해서 가능하다. 알고 싶은 것은 알면 알수록 시장에서 매장으로 구체화될 것이다. 기회의 땅인 시장이다. 매장의 확대와 매장의 디테일을 겸할 수 있는 방법이 믿지 말고 알아 가는 것이다. 디테일은 더더욱 정확히 알아야 가능하다. 또한 '알고 있는 것'과 '하고 있는 것'의 차이가 경쟁력이다. 실행력이 중요하다.

코인 세탁소가 인기다. (…) 특유의 화학 냄새는 커피향으로 대체된다. 흘러나오는 노래는 세련된 카페의 선곡 능력과 다를 게 없다. 빨래

가 숙제에서 유희로 바뀐 것이다. 세탁 대행은 기본이고 가방˙ 티셔츠의 추가 구매도 자극한다.[44]

공유 경제와 플랫폼이 디테일 영역의 한계를 무너뜨리고 있다. 코인세탁소가 내 집의 세탁소처럼 편리하고 아늑하다. 공간의 효율은 융합콘셉트로 극대화된다. 세탁 대기 시간에 즐길 수 있는 것이면 뭐든 연결시킨다. 세탁 진행 상황은 실시간으로 확인된다. 여성 고객들의 안전까지 고려했다. 제한된 공간에서 효율이나 만족을 극대화하는 시대는 지났다. 공간의 리테일이 새로운 디테일을 요구한다.

요리의 디테일이 주방에 국한된다는 생각에서 탈출해야 한다. 홀이나 좌석으로 끄집어내서 고객과 공유해야 한다. 함께 요리하는 즐거움을 누려야 한다. 물리적인 주방 이동만을 생각하면 구시대적(Out-of-date) 사고다. 동영상을 공유하는 방법도 찾아라. 그러면 자동으로 주방 위생도 해결된다. 기다리는 시간이 즐거움과 설렘으로 장식된다. 생일을 맞은 고객에게 별도로 미역국 정식을 차려주는 고깃집도 있다. 배송 주문한 고객의 생일을 기억하고 주문 상품 외에 미역국 또는 조각 케이크를 곁들이는 디테일도 실행할 수 있다.

알고 있는 생일을 실행에 옮겨야 디테일이고 경쟁력이다. 비프랜차이즈의 장점은 무제한이다. 시장을 매장화하면 된다. 세탁이나 배송은 연결의 수단이다. 연결시키는 가치에서 디테일의 경쟁력은 발휘된다. 그것이 궁금하면 디테일은 시작된다. 디테일도 새로움이다. 똑같은 조건에서 더 빛나는 새로움이 디테일이다. 요리와 세탁, 배송을 '믿지 말고 더 알고 싶어야' 한다.

왜 저 사람은
나보다 잘 팔까?

PART 5

베스트만
특별하게 남기고
과감하게 버려라

성공하는 것도 1등도 습관이다

커피믹스는 1976년 동서식품이 세계 최초로 개발한 우리나라 발명품이다. 맥심 모카골드는 국내를 넘어 해외 소비자 및 한국을 찾는 관광객에게도 '한국에서 꼭 맛봐야 하는 먹거리', '필수 쇼핑 아이템'으로 각광받고 있다.[45]

동서식품은 커피의 대명사다. 국민들의 애환을 담은 달달한 추억의 향기가 커피믹스에 녹아 있다. 학생들의 잠을 쫓는 커피믹스는 직장인들의 하루 아침을 맞이하는 친구이기도 하다. 40년 넘게 우리 생활 속에 자리 잡으면서 줄곧 1등을 고수해왔다. 커피믹스가 곧 동서식품이라 할 정도이다. 무한 경쟁 시대의 확고부동한 1등은 쉽지 않다. 대체 불가의 오직 하나에 집중하지 않으면 1등은 언제든지 자리를 내놓아야 한다. 40여 년 동안 1등은 앞으로도 40여 년을 더 1등을 고수하기 위해 노력한다. 어떻게든 할 것이다. 그것이 1등의 위력이다. 시장은 또 1등만 기억하고 생존을 보장한다. 1등의 위엄은 숭고하다. 엄청나게 험난한 여정을 딛고 우뚝 선 가치에 장엄하게 월계관을 씌워 준다.

복싱 세계 챔피언은 끊임없는 도전을 받는다. 차라리 도선자일 때가 더 마음은 편했을 것이다. 챔피언은 수많은 도전자에 대응할 수 있는 피나는 훈련을 통해 역량을 유지해야 한다. 그것이 챔피언십이다. 외롭고 비겁하지 않아야 하는 부담감이 이루 말할 수 없을 만큼 크다. 그래서 챔피언의 역량은 1등을 지키는 시간과 비례한다.

복싱계의 전설 무하마드 알리는 말했다. "훈련의 매 순간은 정말 힘들다. 그때마다 스스로에게 말한다. 멈추지 말자. 지금 땀 흘리고 나머지 인생을 챔피언으로 살자."

1등은 오르게 되면 지켜야 하는 자리다. 어떤 한 분야에서 1등을 한다는 것은 탁월함을 인정받은 것이다. 탁월함은 항구적일 수 없다. 영원한 1등은 없다는 것이다. 그것이 시장의 속성이고 경쟁의 가치다. 정상의 자리는 하나일 뿐이다. 정상에서 바라보는 세상은 남다르다. 사방이 뻥 뚫려 있고 모든 세상을 가슴에 품을 수 있다. 타오르는 기상과 주변의 박수가 정상의 자리를 빛내 준다. '1등 스스로 1등이 되고서야 알게 되는 2등과의 현격한 차이'. 최고의 일인자는 최고만을 생각한다. 비교되지 않는 자기만의 가치와 1등의 품격을 유지한다. 1등은 결국 달성이나 획득하기보다는 '지키는 것'이 된다.

고등학교 1학년 큰딸은 논리적인 사고력과 신뢰도 높은 표현력으로 여러 번 상을 받아온다. 자기만의 논리정연한 의사 표현이 돋보이는 결과이다. 친구들끼리도 시원한 사이다 발언으로 인기가 많다. 자식을 키우는 부모로서 남보다 우수한 역량을 발휘하여 인정받는 딸이 기특하다. 더구나 생각하는 방식이나 표현 능력에 관한 것이라니 영어, 수학 만점보다도 더 가치가 크다고 느껴진다. 그런데 그런 기질은 초등학교 고학년 때부터 돋보였던 것 같다. 그 뒤로 줄곧 이 분야에서 상을 많이 받아 왔다. 당사자인 큰딸에게 그 상들이 더 열심히 하게 하는 동기 부여가 된 것이다.

매출이 인격이라는 백화점에서 매월마다 매출 평가를 한다. 그때마다 1등 하는 직원은 계속 1등을 유지하려고 훨씬 더 많은 노력을 기울이는 것을 여러 차례 보았다. 1등을 놓치지 않기 위해 우수한 신규 브랜드를 입점시키려 노력하고 특별한 행사를 유치하려고 동분서주한다. 하루하루 실적이 모여 한 달 실적이 되기 때문에 매일 반복되는 매장 관리도 철저히 해야 한다. 다른 직원들, 다른 점포는 무엇을 준비하고 있는지도 체크하여 차별화 전략을 추진한다. 1등은 능동적인 터보 엔진을 스스로 만들어 내는 자가발전 성향이 강하다. 주위에서 말릴 수도 없는 자신만의 성장 동력이 생기는 것이다. 1등을 하기 위해 도전할 때는 세상의 수면 밑에서 몸부림쳤다면 1등의 수성 전략에는 모두의 안테나가 집중된다. 1등이 더 1등다워야 하는 어려움이 여기 있다. 지키는 과정의 노력과 도전자들로부터 타이틀 매치를 통한 숙련된 노하우는 1등을 더욱 업그레이드시킨다. 달인은 이렇게 탄생한다.

김연아는 명실상부한 대표적인 챔피언이다. 현역 시절 완벽함에 도전하는 챔피언의 기량은 모두의 귀감이다. 거기서 멈추지 않고 공연으로 다시 도전한다. 1등의 진가는 습관적인 열정이다. 챔피언 김연아는 '서른'이라는 시간만이 아닌 '공연'이라는 도전자를 무대로 초청했다. 은퇴 후 5년이 지난 챔피언은 1등의 가치를 '올댓 스케이트 2019'라는 이름으로 다시 스케이팅 부츠에 새긴다. 피겨 스케이팅 챔피언이기 때문이다.

성공과 1등은 자신이 받은 상장이다. 자신이 잘하는 것을 더 잘하려하는 1등이다. 그것은 곧 승부수다. 승산 있는 경기에 도전해야 한다. 1등은 1등이라 생각하는 '습관적인 1등 마인드'를 지니고 있다. 1등을 하면 할수록 커피믹스처럼 중독성과 지속 가능성이 높아진다. '프리마'는 러시아에서 빵 만들 때 우유 대신 사용하는 것으로 최적의 현지화를 이루어 1등의 자리를 지키고 있다. 은퇴한 김연아는 공연으로 1등의 자리를 지키고 있다. 월계관의 1등은 고등학생 큰딸의 학교 상장처럼 작은 1등에서 시작된다. 능동적인 터보 엔진을 달아 주는 1등의 가치는 누리면 누릴수록 가속도가 붙는다.

왜 저 사람은
나보다 잘 팔까?

성장하지 않으면 기본은 무너진다

우리가 산다는 것은 무엇인가.

그것은 기약할 수 없는 것이다.

내일 일을 누가 아는가.

이 다음 순간을 누가 아는가.

순간순간을 꽃처럼 새롭게 피어나는

습관을 들여야 한다.

매 순간을 자기 영혼을 가꾸는 일에,

자기 영혼을 맑히는 일에 쓸 수 있어야 한다.

우리 모두는 늙는다.

그리고 언젠가 자기 차례가 오면 죽는다.

> 그렇지만 우리가 두려워할 것은 늙음이나 죽음이 아니다.
>
> 녹슨 삶을 두려워해야 한다.
>
> 삶이 녹슬면 모든 것이 허물어진다.[46]

사람의 육체와 영혼이 멈추면 죽음이라 할 수 있다. 육체는 멈추면 굳어 버릴 것이고, 영혼은 멈추면 탁하고 고약해질 것이다. 가게는 문을 열지 않으면 먼지가 쌓이고 기계는 녹슨다. 자동차를 운행하지 않으면 엔진이나 기타 기관은 녹슬거나 고장날 수 있다. 조직은 멈추면 신용과 거래가 끊긴다. 세상은 그래서 하염없이 움직이고 거친 숨을 내쉰다. 그 숨소리에 사람들은 제각각 걸음걸이를 맞춘다. 달리는 사람, 걷는 사람 등 움직이는 모양도 다양하다. 공통점이 한 가지 있다. 걷는 사람은 걷는 데 익숙하고 달리는 사람은 달리는 데 익숙하다는 것이다. 즉, 하던 대로 하는 습성이 생기는 것이다. 달리는 습성이 있는 사람은 더 빨리 더 멀리 가려는 생각을 하게 된다.

장사를 하면 평균 매출이라는 개념이 어느 순간 자리 잡는다. 평일, 주말 각각 하루 평균 매출이 나오면 그나마 다행이라고 한숨을 돌리는 경우가 적지 않다. 날씨나 사회적 분위기 등으로 인해 굴곡이 발생하는 경우는 불가피하다. 그런데 특별한 이유 없이 매출이 기복이 심하면 당황감을 느끼고 대책 마련이 시급하다며 발을 동동 구른다. 평균 매출은 예년 수준이나 전월 수준 등과 비교하고 참고용으로 체크해야 한다. 평균 매출이 BEP(Break-even point) 또는 그 이상일 수도 있겠지만 운영이나 관리 시스템이 그 수준에 맞춰진다. 누적된 영업 관리 노하우가 반영된 시스템이다.

음식점 매출은 시장의 흐름상 특별한 경우를 제외하고 오르기보다 떨어지기 쉽다. 다변화되는 소비 패턴과 생활 방식으로 인해 가게에서 고객을 기다리는 음식점은 고정 고객 의존도가 높아진다. 외부 환경의 플러스 요인을 기대하고 막연하게 하던 대로 하는 방식은 걷는 사람이 마냥 같은 방향으로 걷는 것과 같다. 외부 환경은 도움이 될 가능성이 아주 적다. 있다 하더라도 아주 일시적일 뿐이다. 결국 내실을 다지고 새로운 고객 창출을 위한 노력을 하는 수밖에 없다. 머물러 있는 정적인 영업 방식은 평균 매출의 올가미에서 못 버틴다. 현실에 안주하거나 막연하게 내일을 기약하는 것은 명백한 퇴보다. 문은 열고 장사는 하지만 자판기에서 뽑아 먹는 음식처럼 기계적이고 정형화되어 무미건조한 영업이다.

새로운 고객은 맞이할 게 아니라 창출해야 한다. 전년 수준과 비슷한 매출이고 불황이라는 이유로 소극적 방어적인 자세로 영업하면 매출은 더 추락한다. 지금의 컨디션은 유지될 수 없는 스쳐 가는 순간적인 컨디션이다. 내 의지와 상관없이 상당수의 예측 못한 변수들이 순간순간 가게로 침투한다. 정체되어 있는 가게일수록 변수들의 침투는 용이하다. 적극적으로 운동하지 않는 몸에 병균이 쉽게 침투하는 것과 같다. 움직여야 혈액 순환이 잘 된다. 신체 기관들의 기능은 상호 보완적인 유기적인 구조다. 기본적인 생활을 할 수 있는 최소 운동 수준은 결코 전년의 신체 컨디션과 같을 수 없다. 오래된 가게나 신체일수록 더 많은 운동을 해야 전년 수준의 컨디션을 기대할 수 있다. 성장은 지금의 컨디션을 토대로 생각하기 어렵다. 변화를 주도할 수 있는 적극적인 운동이 필요하다. 최선의 방이는 공격이다.

성장은 기업의 선택이 아닌 숙명이다. 현재 실적과 환경이 기회든 위기든 성장을 향해 도전하지 않으면 현재 실적 유지도 어렵기 때문이다. 어린아이가 현재 건강하다고 해서 먹는 것이나 자는 것을 줄이거나 방심하면 바로 문제점이 발생한다. 지금까지 건강하게 자란 시간도 위협받을 만큼 악화될 수 있다. 나이와 성장 지수에 맞게 지속적인 영양 섭취와 운동을 해야 한다. 성장은 이렇듯 멈추지 않고 변화하는 것이다. 기본적인 언어 능력이나 신체 기관의 균형적인 발달을 위함이다. 성장하지 않으면 가장 먼저 영향을 받는 것이 사고 능력과 신체 발달 등 기본적인 부분이다. 아이의 성장에 있어서 소홀히 하면 평생의 그릇이 멈춰 버리는 안타까운 상황이 올 수 있다는 것이다. 기업도 똑같다. 조금만 여유를 부리면 현재의 실적도 꺾이고 만다. 꺾이는 대부분의 원인은 쉽게 티 나지 않는 기본적인 요소들이 제 기능을 다하지 않음에서 발생한다. 기본적인 것에 치중하게 되면 새로움에 대한 도전이 위축되기 십상이다. 따라서 새로운 성장 동력을 찾는 데 머뭇거려서는 안 된다.

경영 컨설턴트 니콜라스 하이에크의 제안을 수용해 탄생한 기업이 있다. 전 세계 시계 생산량의 25%를 차지하고 있는 스와치 그룹 이야기다. 당시 일본과 홍콩에 밀려 위기에 봉착한 시계 산업 상황이었다.

> 스와치 그룹은 우선 저가 시장 공략에 집중했다. 하이에크는 "세계 시장의 90% 이상을 차지하는 저가 시계를 장악하지 못하면 스위스 시계 산업의 미래는 없다"고 직원들에게 강조했다. (…)
> 제조 비용도 대폭 줄였다. 100여 개인 부품을 50여 개로 줄였다. 그 전까지 케이스 따로, 부품 따로 조립해 나중에 둘을 끼워 맞추던 것을 케이스 안에 곧바로 부품을 조립해 넣는 단일 제조 공정으로 개선했다.[47]

스와치 그룹 사례는 위기를 기회로 바꾼 예이다. 비용 절감과 저가 시장 공략은 기업의 운명을 바꿨다. 제조 공정은 위기를 겪기 전에는 문제를 크게 인식하지 못했다. 성장을 꾀하려는 접근에서 발견되고 개선된 부분이다. 이처럼 시스템의 문제는 성장을 위한 시스템 혁신으로 연결해야 한다. 녹슨 기계와 오래된 제조 공정은 문제를 야기한다. 녹슨 육체와 같다. 똑같은 가치를 반복 생산하는 공정은 이미 유통기한이 지난 것과 다름없다. 지금 한창 인기를 누리는 제품일지라도 부족한 점이나 새로움을 담으려는 노력이 함께 진행되어야 한다. 그러면 오랫동안 베스트셀러를 유지할 수도 있을 것이다. 성공을 여는 열쇠와 성공을 잠그는 열쇠는 따로 있다. 성공은 성장하지 않으면 안전하게 잠

기지 않는다. 오래된 성공은 더욱 무너질 위험이 크다. 새롭고 특별한 것은 성패를 떠나서 기본을 더욱 탄탄하게 조이고 연마시킬 것이다. 변하지 않으면 변질되고 만다. 사람도 가게도 메뉴도 가장 안전하게 잠 그는 열쇠는 성장이다.

청결과 위생은 최고급 토핑이다

백화점 식품 영업을 하면서 느낀 것 중 하나는 24시간 365일 관심과 주의를 잠시라도 소홀히 하면 사고가 난다는 것이다. 화재, 누수 등 안전사고부터 품질, 재고, 원산지, 유통기한, 보관, 청결 등 위생 사고까지 다양하다. 영업을 하지 않는 휴점일도 식품 관리는 예외가 없다. 내 집에서 요리해서 먹는 주방보다 훨씬 엄격한 기준으로 관리한다. 전혀 모르는 고객에게 단 한 가지의 문제도 없이 양질의 식품을 제공하기 위함이다. 세상에 완벽한 것은 없다. 인간이 만들고 인간이 운영하기 때문에 사고가 발생한다. 그래서, 사전 예방에 주력한다. 사후 수습은 예측하기 어려운 상황까지 갈 수 있기 때문이다. 돌이킬 수 없는 사람의 건강에 직결되는 일이기 때문에 철저한 관리와 준비가 필요하다.

보통 하루 10시간 영업을 위해 14시간의 준비 기회를 갖는다고 할 수 있다. 단순하고 급박한 것은 영업시간 중에 현장 해결하고 장기적, 지속적 관리 사항은 주로 영업 종료 후에 이루어진다. 여기서 중요한 것은 타이밍이다.

시간을 놓치면 품질이나 재고 관리에 문제가 발생하고, 주방 설비나 안전 점검의 효과도 기대하기 어렵게 된다. 가장 잘 관리되는 매장의 원칙은 '끄고 버리고 비우는 것'이다. 영업 종료 후 매장 어디에도 원재료, 상품, 도구, 쓰레기, 전원, 부자재 등을 방치하지 않는 것이다. 오늘의 흔적을 미련 없이 지우고 겸손하고 당당하게 새로운 내일을 맞이하려는 일종의 의식인지도 모른다.

시간은 위생 요인이 되기 쉽다. 즉, 시간을 통제하지 못하면 끌려 다니게 된다는 것이다. 청결과 위생은 시간과 밀접한 관련이 많다. 식사를 마칠 때 즉시 이루어져야 하는 고객용 테이블 정리나, 유통기한 경과가 아닌 임박한 재료를 사전 체크하는 시스템 등 시간으로 가치가 좌우되는 경우가 많다.

"의사가 범하게 되는 최대의 잘못은 우선 마음을 치료하려 들기보다는 육체만을 고치려고 하는 것이다. 인간의 마음과 육체는 하나로서, 별개로 취급되는 것이 아니다."

- 플라톤

세계 최장거리 주행 자동차는 약 480만㎞를 달린 미국 뉴욕에 있는 전직 교사가 운행한 1966년산 볼보 자동차(P1800S)라고 한다. 연평균 약 9만㎞를 50년 넘게 운행했다는 사실이 대단히 놀랍다. 자동차 수명은 20년, 주행거리 20만㎞가 일반적이다. 인생에서 50년 가까이 매일 함께한 것은 무엇일까? 아마 대부분 육신(肉身)밖에 없을 것이다. 비록 조금씩 퇴화되어 각각의 기능은 차이가 있겠지만.

앞의 볼보 자동차는 만든 사람보다 운행한 사람이 더 잘 알고 있을 것이다. 앞으로 얼마나 함께할 수 있을지도 마찬가지다. 낳은 정보다 키운 정이 더 크다 했다. 육신은 일정 기간 양육자의 돌봄을 거친 후 자기 자신의 몫이 된다. 즉, 건강은 의사나 양육자가 아닌 자신이 관리하게 되는 것이다.

건강을 염려하는 사람들이 좋아하는 것 중 하나가 보험이다. 생명보험, 암보험, 실손보험 등 엄청 많다. 이것은 육체적 안전장치가 아닌 경제적 안전장치다. 자신 없는 생활의 방증인지 모른다.

법을 배우지 않은 사람이 대부분이다. 법을 어기면 처벌받게 돼서 단단히 주의를 기울인다. 의술도 배우지 않은 사람이 대부분이다. 건강에 해로운 것이 무엇인지 잘 알고 있다. 그러나 준법(準法)정신만큼 투철하지 못하다. 평생 병원에 가는 횟수와 경찰서나 법원에 가는 횟수를 비교해 봐라. 보건(保健) 정신이 절대 취약하다.

준법정신은 대부분 불법 행위를 안 하면 되는 부작위 의무이다. 50년 넘게 480만㎞를 달린 자동차 관리보다 살아 있는 유기체의 제 기능을 유지하게 하는 보건 의무는 훨씬 섬세하고 까다로운 작위 의무이다. 건강한 음식은 건강한 사람이 만든다. 청결과 위생은 준법보다 보건 정신이다. 건강을 소중하게 생각할 줄 아는 보건 정신이다. 준법은 필요 최소한을 규정한다. 보건은 최대한 확장해야 한다.

매일 자신의 몸 소리를 주의 깊게 들어야 한다. 각 기관별 소리는 물론 전체 기관의 아카펠라 화음을 가만가만 들어야 한다. 느껴지는 불협화음의 원인과 처방을 주도적으로 찾아 실천해야 한다. 스트레스 합창단의 지휘자는 당신이다. 병원은 영혼과 육체의 아카펠라 화음을 당신만큼 모른다. 당신의 보건 생활을 진단·지원해 줄 뿐이다. 가족이나 의사가 대신해줄 수 없는 것이 당신의 보건 의무이다.

건강과 청결, 위생의 시작은 불필요한 군더더기를 없애는 것이다. 몸에 군살이 있으면 비만, 불균형을 초래한다. 청결, 위생은 불필요한 것이 있으면 그 자리를 장시간 점령하게 된다. 필요한 것이면 즉각 소진되지만 불필요한 것이 하나씩 들어오면 활동 공간도 좁아질 뿐만 아니라 신선도 저하까지 유발한다. 주방이나 창고의 식재료, 비품 등이 한 눈에 인식되지 않으면 일일이 전수 조사를 해야 한다. 모든 식재료는 밑바닥까지 들춰봐야 한다. 벌레나 악취가 생길 수 있는 여지를 사전에 수시로 차단해야 한다. 불필요한 군더더기가 줄어들면 업무 효율도 높아진다. 본연의 역할에 집중하는 몰입도가 올라간다. 필요한 재료만 관리하게 되면 베스트 품질과 베스트 서비스를 도모하기 쉬워진다.

영세한 생계형 가게가 대부분이다 보니 관공서 위생 점검에 취약한 게 현실이다. 체계적인 교육이나 심화 과정을 경험하지 못한 사람들이 많아서 관련 법규나 세부 기준을 정확히 모를 수 있다. 법규 준수도 중요하지만 보건 의무로 인식해서 자신과 고객을 위해 옳은 방향으로 임하는 것이 바람직하다. 부족한 것은 배우고 채우면 된다. 가장 중요한 것은 정직이다. 음식은 양심과 정성의 결과물이다. 돈 몇 푼 아끼려고 양심을 저버려서는 안 된다. 필연적으로 사고가 발생한다. 바늘 도둑이 소도둑 되듯이 한 번의 눈속임이 운명을 바꿀 수 있다. 좋은 습관을 익혀야 한다. 예방을 위해서 유통기한이나 원산지 표기를 기준보다 더 크게 고지하는 것도 방법이다. 고객은 한 번만 맛이 이상해도 다시 오지 않는다. 재료의 신선도와 레시피는 불가분의 관계이다. 재료의 신선도는 레시피의 핵심이다.

'깨진 유리창의 법칙'은 한 번쯤 들어 봤을 것이다. 조그마한 실수와 조그마한 크랙(균열)이나 얼룩을 동일시하면 안 된다. 실수는 반성과 용서의 대상이다. 크랙이나 얼룩은 몸에서 흐르는 피라고 생각해야 한다. 피를 빨리 지혈하고 깨끗하게 소독 후 상처를 치료하지 않으면 상처 범위가 커지고 깊어진다. 크랙이나 얼룩은 그 번식력이 훨씬 강하다. 늦게 수습할수록 재발율이 높다. 작지만 엄청난 괴력을 가진 바이러스다. 큰 상처는 차라리 근본적인 치료를 하게 된다. 깨진 자리, 얼룩진 자리를 모르고 지나친 시간이 길다면 더 큰 사고 위험성이 있다. 오래된 크랙과 얼룩은 음식에 고스란히 반영된다. 이물질이나 머리카락 등 똑같은 불편을 야기한다. 화려한 인테리어로 치장한 레스토랑도 철저한 유지 관리가 이뤄지지 않으면 벌레가 나온다.

고객의 청결·위생에 관한 눈높이는 갈수록 높아져 가고 있다. 어쩌면 최후 생존자는 맛보다 청결·위생에서 갈릴지도 모른다. 차별화 가치로 접근해야 할 요소이다. 피동적인 준법 의무가 아닌 능동적인 보건의 권리로 차별화하자. 최고급의 가치는 청결과 위생으로 토핑된다. 청결과 위생은 돈으로 할 수 없다. 오로지 습관으로 가능하다. 음식점 지속 가능성의 핵심 지표이다.

어제까지 안 망한 이유를 아시나요?

"인생은 복싱 경기와 같다. 쓰러졌을 때 패배가 선언되는 것이 아니고, 다시 일어나기를 거부했을 때 패배가 되는 것이다."

- 크리스틴 애슐리, 『The Will』

상당 기간 장사가 안 되거나, 경기에서 자주 실수하게 되면 슬럼프가 올 수 있다. 이때 심리적으로 위축되고 밸런스가 무너지기 쉽다. 유도를 배울 때 가장 먼저 가르쳐주는 것이 낙법이다. '참나무같이 저항하지 말고 버드나무처럼 휘어져라'라고 한다. 큰 옷은 입을 수 있지만 작은 옷은 입을 수 없다. 더 큰 도약을 위한 슬럼프다. 잡념은 더 강하고 빠른 공격으로, 나태함은 더 많은 땀방울의 낙법으로 극복해야 한다. 매일 얼마나 많은 수확을 했는지보다 얼마나 많은 씨를 뿌렸는지에 의미를 부여해야 한다.

"인간이 지닌 가장 놀랄 만한 특성 중 하나는 손실을 이익으로 바꾸는 힘이다." 오스트리아의 정신의학자 알프레드 아들러가 한 말이다. 즉, 손실은 이익으로 전환될 때 부호를 바꾼다.

'전쟁에서 한 번의 실수는 병가(兵家)의 상사(常事)'라 한다. 그러나 스코어, 즉 기록으로는 남는다. 실수는 누구나 할 수 있다. 용기와 격려 차원의 응원 메시지다. 왜냐하면 아직 시간이 많이 남아 있기 때문이다. 실수가 누적되면 스코어가 벌어진다. 모든 스포츠에서 예외 없이 적용된다. 한 쪽에는 마이너스(-), 상대에게는 플러스(+)가 되어 스코어보드는 '0:1'이지만 실제는 '-1:+1'인 것이다. 2만큼의 차이다. 즉, 한 번의 실수는 두 배의 차이를 일으킨다. 또 빠른 시간 내에 작은 차이를 극복하지 못하면 더 심화된다. 그 심화는 위화감으로 악화된다.

마이너스 세상은 음지라 할 수 있다. 세상의 관심이 적을지라도, 세상 모든 것은 존재의 가치가 있다. 마이너스(-)와 마이너스(-)는 빼기에 익숙해야 한다. 지금의 나보다 더 큰 것을 과감히 빼야 한다. '(-2)+(-3)=(-5)'와 '(-2)-(-3)=(+1)'을 비교해 보라. 양지에 오르기 위해서라기보다 후반전에 새로운 것을 더하기 위해서다.

"승리하면 배울 수 있다. 그러나, 패배하면 모든 것을 배울 수 있다". 미국 메이저리그 전설의 투수 크리스티 매튜슨이 말했다.

실수와 실패는 원인과 결과다. 실패와 성공도 마찬가지다. 실수는 대부분 내적 요인이 매우 강하다. 더 많이 시도하고 도전하는 사람이 실수를 더 잘 안다. 100경기 출전 승률 3할과 10경기 출전 승률 3할은 전혀 다르다. 잦은 Small Failure가 Big Success를 위해 더 필요한 시기다. 즉, 더 많은 경기에 출전해야 한다. 아니 더 많은 경기를 찾고 만들어야 한다.

어렸을 때 나는 초등학교 야구 선수 생활을 했다. 축구, 농구도 좋아했다. 야구 선수를 계속하고 싶었지만 부모님의 반대로 초등학교 6학년 때 그만뒀다. 그 뒤로는 동네 야구와 축구를 즐겨 했다. 청소년기와 청년 시절 방랑자 생활을 적지 않게 하면서 거창하게 인생철학을 꿈꾸며 얌전한 불효를 했다. 또한 차디찬 서울의 칼바람을 통해 방황의 진수를 경험하기도 했다.

사회생활 시작, 신입사원 풋내기 시절도 채 지나기 전 IMF 파장으로 모 그룹의 부도, No Pay, 법정관리, M&A 등 스펙터클한 파란만장 벼락치기 경험을 하게 됐다. 내 인생은 이렇게 골이 깊은 협곡을 지나 더 단단해져 갔다. 궁즉통(窮則通). 이때 적지 않은 금액의 복권 당첨 행운도 누렸다. 화려한 싱글 때는 세계 여러 나라를 휴가 때마다 누비고 다니면서 견문을 넓혔고, 직장인이라면 한 번쯤 경험하는 사직서도 품고 다녔다. 그런 직장 생활 23년차 부장이 쉰 나이에 늦둥이(만 5세) 둘째 딸 육아 휴직을 통한 하프타임을 갖게 되었다. 흰머리 희끗희끗한 중년의 낯선 육아 생활은 다시금 강태공 심정으로 오롯이 걷는 수행 길이다.

사람은 무너질 듯하면서도 쉽게 그렇게 안 된다. 혼자가 아닌 가족이 있기 때문이다. 어느 순간부터 모험보다 안정을 은연중에 지향하게된다. 페달을 열심히 밟고 있는 자전거는 무탈하게 목적지를 향해 잘갈 수 있다. 그러나, 속도와 탄력이 떨어져 비실거리면 이내 멈추고 만다. 가장 강력한 촉진제는 절박함이다. 다른 생각을 전혀 할 수 없는오로지 하나에 대한 간절한 갈구이다. 사업이든 직장 생활이든 자신을 확인하는 과정이다. 자기만의 특별함을 끊임없이 찾고 구현하는 새로운 경기에 출전하는 것이다.

공은 거짓 없이 맞은 대로 휘어져 날아간다. 직선이 아니다. 계획된휘어짐도 있지만 그것을 벗어나는 경우도 많다. 공을 찬 사람의 의중이 어느 정도 실리느냐는 노력에 달려 있다. 땅볼, 바운드볼, 로빙볼 중에서 정확도는 땅볼이 가장 높다. 마찰은 속도를 줄여 준다. 하지만 정확도와 참여도를 올리려면 늦지만 땅볼이 낫다. 땅볼은 가장 기본이며, 부대낌이다. 땅볼이 많은 조직은 예측 가능하다. 조직 내 멤버들이예측 가능하면 된다. 그것이 둥근 세상이다.

굴러가는 속도가 빠를수록 효율적이라는 것은 누구나 안다. 경기내내 공이 멈추지 않아야 흥미롭고 선수는 물론 관중까지 본질에 집중한다. 둥근 공이 멈추는 것은 네모난 규칙(Rule) 때문이다. 둥근 공은 바람만 불어도 굴러간다. 바람은 장벽이 없어야 누린다. 인생의 룰

은 없다. 룰은 경험의 산물이다. 당신의 경험이 곧 룰이다. 둥글고 네
모난 세상의 톱밥으로 각진 내면을 스케일링하면 된다.

만약에
빗방울이
세모나 네모여 봐

새싹이랑
풀잎이
얼마나 아프겠니?

- 손동연, 「빗방울은 둥글다」

당신이 어제까지 안 망한 이유는 성공했기 때문인가. 만약에 그것이
아니라면 성공을 위해 도전하고 있는 것이다. 설령 안정을 우선으로
하는 전략을 꾀하더라도 그것이 목표라면 충분한 의미는 있다. 도전은
지푸라기라도 잡고 싶은 심정으로 이루어지기도 한다. 부도나 폐업 직
전까지 갔더라도 오늘 영업을 하고 있는 당신은 고객을 우러러 당당할
수 있다. 프로다운 기질과 의식으로 극복하고 있는 것이다. 오늘을 맞
이하는 자세가 그 사람의 내일이다. 따라서 어제는 오늘의 당신을 만
든 씨앗이다. 아프거나 슬펐을지라도 아주 좋은 거름이 되어 오늘을
빛나게 하고 있다.

실패할수록 실패는 어려워진다. 실패는 지독한 항생제이다. 오로지 성공만을 위해 똘똘 뭉쳐 있는 항생제이다. 아무리 좋은 약도 과다 복용은 금물이다. 포기하지 않으면 반드시 이루어진다. 안 망한 이유를 도전에서 찾으면 성공은 이미 가까이 와 있다. 시간의 차이일 뿐, 순서의 차례일 뿐 당신을 빗겨 갈 수 없다. 공은 맞은 대로 날아가기 때문에.

1년을 생각하고 새로운 메뉴를 개발하라

독일 철학자 하이데거는 "낯선 것과의 조우를 통해 이성이 시작된다"라고 말했다. 매일 보는 익숙한 것들에 대해서는 생각이 일어나지 않는다. 습관처럼 반복되는 행동들은 무의식적으로 하는 것일 뿐 생각의 결과로 행해지는 것이 아니기 때문이다. (…)

사람들의 입맛은 세월에 따라서 조금씩 변해 간다. 변하는 입맛을 따라 잡기 위해 새로운 시도를 하지 않는 음식점은 외면당할 수밖에 없다. 하지만 사람들은 어느 정도 궤도에 오르면 낯선 환경에 자신을 던지지 않는다. 이 정도면 됐다고 말하는 순간, 성장은 멈춘다.

새로운 것, 낯선 것을 먼저 보는 사람이 성공한다. 낯선 환경에 끊임없이 자신을 던져 새로운 세포로 갈아입는 자만이 세월이라는 권태를 이길 수 있다.[48]

또한 최근 쉰 나이에 노래 경력 30년차 윤종신은 다음과 같이 말했다.

"2020년 월간 윤종신은 제가 살아온 이곳을 떠나 좀 더 낯설고 익숙하지 않은 곳을 떠돌며 이방인의 시선으로 콘텐츠를 만들어 보려 한다. 도태되지 않고 고인 물이 되지 않으려는 한 창작자의 몸부림이라 생각해 주길 바라며, '이방인 프로젝트' 잘 준비하겠다"고 덧붙였다.[49]

고인 물은 썩는다. 한 자리에 오래 있는 사람들은 윤종신처럼 느낀다. 자신의 노력이나 의지와 무관하게 무의식적인 익숙함이 지배하게 된다. 환경의 영향을 받는 인간이다. 하물며 매일 같이 먹는 음식도 똑같은 반찬이 올라오면 싫증을 낸다. 아무리 맛있는 반찬도 두세 번 먹으면 질리기 쉽다. 미각은 이렇게 매우 섬세하고 민감하다. 똑같은 책을 계속해서 몇 번씩 읽다 보면 어느 순간 눈과 생각은 서로 다른 곳을 향하고 있다. 식상해지는 것, 익숙해지는 것은 거리감을 유지하거나 시간의 공백이 필요하다. 그것만의 가치를 생각하고 유지하려는 목적이라면 그렇다. 우리들의 일상에서 쉽게 경험하는 것 중 하나다.

고객은 어떨까? 익숙해지고 식상해지기 전에 이미 다른 음식점을 향해 맛집 투어를 즐기고 있을 것이다. 맛있는 음식을 발견하고 경험하면 다시 찾아오겠다는 기억으로 남긴다. 다시 찾아오는 재방문 주기가 그 음식점의 경쟁력이다. 자꾸 생각나게 하는 중독성을 내포하는 자극적인 메뉴가 성행하는 이유이기도 하다.

영등포 신길동에 '별난 아찌 짬뽕' 가게가 있다. 중독성이 매우 강한 매운 짬뽕, 얼큰 차돌짬뽕이 대표 메뉴다. 계란 후라이는 셀프로 무료 제공하고 아이스크림 등을 함께 판다. 손이 많이 가는 김밥은 인근 시장 15년 단골 김밥집에서 납품받아 판매한다. 이 가게는 선택과 집중을 꾀하면서 신메뉴 또는 추가 메뉴에 대한 주인의 철학이 확고하다.[50]

요즘은 '별난 아찌 짬뽕'처럼 연결하는 비즈니스에 능해야 한다. 자신의 제한적인 역량에서 콘텐츠의 구색과 차별화를 추구해야 하는 시대이다. 동질적인 연결은 물론 이질적인 화학적 융합도 검토해야 한다. 새로운 아이템을 100% 자기 능력으로 개발하는 방법은 근시안적이고 단명할 수 있다. 싫증난 고객의 니즈에 대한 솔루션을 갖고 있는 재료나 스킬로만 개발하면 스토리나 콘텐츠가 빈약할 가능성이 크다.

새로운 파트너와 합작해서 개발하게 되면 서로의 장점을 조합해서 제3의 창조물이 탄생할 수 있다. 상호 계약이나 비용, 이익 배분 방식 등 다소 복잡한 부분이 있을 수 있으나 그런 경험들이 쌓이면 더 큰 시너지를 낼 것이다. 한 번의 컬래버레이션 등을 통해 지속적인 교류가 가능하므로 미래의 잠재된 역량이 가장 큰 장점이라 할 수 있다.

이와 비슷한 유형의 하나로 하이브리드 매장을 들 수 있다. '놀부 부대찌개'와 '원할머니 보쌈'의 복합 매장이 있다. 점심·저녁 고객을 동시에 공략하기 위한 전략이다. 베이커리 매장이나 편의점에서 원두커피를 판매하는 플러스 알파 개념의 전략도 있다. 이 밖에 시간대별로 아이템을 차별화하는 방법, 이용 고객 주문에 따라 공간의 탄력성을 제고하는 방법 등으로 변화의 한계를 넘어서고 있다.

내 아이를 믿고 맡길 데가 없는 워킹 맘은 막막하다. 이런 워킹 맘의 고민을 속 시원하게 해결해 주는 서비스가 '자란다'다. 자란다의 대표는 일과 육아 중에 하나를 선택해야 했던 자신의 아픈 경험을 바탕으로 서비스를 시작했다고 밝혔다.

"워킹 맘이 언제 직장을 그만두겠다고 결심하는지 아세요? 아이가 초등학교에 입학할 때예요. 보육에서 교육으로 넘어갈 때 워킹 맘은 죄인이 돼요. 내 아이만 처지는 것 같고, 일도 아이도 못 챙기는 것 같고…. 회사에 다닐 때 초등학교에 다니는 아이의 숙제 중에 '엄마랑 같이 꽃잎 주워 오기'가 있었어요. 어느 날은 다른 나라에서 먹는 음식 사진을 출력해 가야 하는데 야근을 하느라 도저히 해 줄 수가 없었어요. '누가 잠깐 2시간만이라도 해 줬으면 좋겠다'라고 생각했죠. 아이랑 같이 놀아 주고 간단한 숙제도 도와줄 대학생 도우미 연결 서비스로 엄마들의 육아 고민을 덜어 주고 싶었어요."

2016년에 시작한 자란다는 만 3~13세 아이와 대학생(자란 선생님)을 매칭하는 서비스다. 학교 수업이 끝나고 학원에 가기 전에 시간이 비는 아이들, 학원이 끝났는데 부모의 퇴근 시간까지 시간이 비는 아이들, 방학에 갈 곳도 없고 돌봐줄 사람도 없는 아이들을 대학생들이 돌

본다. 시간당 1만 3천 원의 이용료로 맞벌이 부부에게 생기는 방과 후 2~4시간의 돌봄 공백 시간을 메워 준다.[51]

'자란다'는 새로운 틈새 시장을 개척했다. 수요와 공급이 적절히 이루어질 수 있도록 일종의 플랫폼 사업을 추진한 것이다. 이 시대의 새로운 메뉴는 영역의 파괴부터 생각할 필요가 있다. 밥집에서는 밥만 연구하고 커피숍은 디저트류만 연구하면 미래가 밝지 않다. 연결에서 새로움은 확장되는 경우가 많다. 사람이 즐거워야 한다. 준비하는 사람이나 이용하는 사람이나 똑같이 즐거워야 한다. 신메뉴의 핵심은 재미다. 자란다의 서비스는 돌보미라는 표현을 쓰지만 콘텐츠는 아이와 놀아주는 것이다. 자란다는 아이뿐만 아니라 부모도 즐겁게 해 준다.

음식은 먹는 것이지만 어느 순간부터 즐기는 문화로 확산되고 있다. 혼밥족도 즐기는 문화의 하나라 할 수 있다. 재미는 놀라움과 호기심에서 촉발된다. 윤종신의 재미는 익숙함과 이별에서 시작된다. 이방인 프로젝트는 신메뉴 이름이다. 작정하고 낯섦과 밀착하는 것이다. 종합예술을 준비하는 프로듀서의 감각으로 새로움에 도전해야 한다. 버리는 데 익숙하지 않은 습성 때문에 더욱 남겨야 할 것부터 엄선해야 한다. 베스트가 아니면 당연히 버려야 한다. 결국 낭비 요소이기 때문이다. 1년을 생각한 새로운 메뉴는 남겨진 것과 조화를 이루어야 한다. 그래서 채우려면 비워야 한다. 그러면 남겨진 것도 함께 특별해진다.

더 멀리 보는 사람이 성공한다

　세계 행복 보고서(유엔 지속가능발전네트워크)에서 한국의 행복 성적표는 2016~2018년 OECD 36개국 중 34위로 매우 낮은 편이다. 내 마음대로 살기 어렵고 남의 눈치를 많이 본다는 항목에서는 최하위 수준이다. 또한 최근 발표된 대국민 행복 보고서(서울대 행복연구센터)에 따르면 다른 사람과의 비교는 행복도를 낮추는 중요한 요인이라 한다. 특히 사회적 비교 성향이 높은 것은 여성과 젊은 층이지만, 사회적 비교 때문에 행복도가 낮아지는 정도는 노인층에서 가장 크다. 반대로 자살률과 근로 시간은 최상위 수준이다.

　이런 결과가 낯설지 않다. '행복 보고서'보다는 '불행 보고서'가 제격이다. 초고속 경제 성장 사회의 불균형과 어설픈 세계화, 개인화 등으로 인한 가난한 영혼의 지배 종속 구도에서 각자의 힐링 멜로디를 연주한다. 평가는 비교를 통한 지원·보완이 목적이다. 그런데 지배자의 관리 편의와 비교 우열에 따른 양극화가 행복 틈새를 좁히고 있다. 헌법에 보장된 '소량의 행복 추구권'을 '다량의 불행 기피권'으로 바꿔야 할지 모르겠다. 행복은 선택이 아닌 당연한 것이다. 그런데도 남의 눈치를 봐야 하고 비교도 해 봐야 한다.

며칠 전 혼자 도봉산을 등산하던 중 우연히 부천에서 작지 않은 규모의 편의점을 운영하고 계신 분을 알게 됐다. 토요일 오후부터 일요일까지는 철저히 자기 시간을 갖는다고 한다. 가게는 24시간 연중무휴인데 무려 20년 동안 한 주도 거르지 않고 주말이면 비가 오나 눈이 오나 어디론가 마음 닿는 곳으로 향했다고 한다. 사업 초창기에 매출이 적어서 많이 힘들 때도 20년 이상을 생각하고 시작한 일이기에 안 좋을수록 더 휴식을 취했다고 한다.

지금은 자녀 둘 다 키우고 한숨 돌릴 수 있는 상황이지만, 그 당시에는 주변 친구들의 휴식에 대한 만류가 적지 않았다고 한다. 빚내서 시작한 사업인데 무책임하다는 핀잔까지 들어가며 꿋꿋이 자기 생각대로 했다고 한다. 이유는 단 한 가지다. 더 멀리 보려 했고 분수껏 즐겼다는 것이다. 또 자리를 잡아가면서 자연스레 가게 확장(다점포) 얘기도 나왔지만 미련 없이 거절했다고 한다.

초심을 잃지 말라는 말을 많이 듣는다. 무슨 일을 시작하든 본래의 목적과 목표를 잃지 말고 꾸준히 유지해서 뜻하는 바를 이루라는 말이다. 초심은 의기충천하고 열정이 넘칠 때이다. 그래서 초반에 오버페이스(Overface)를 하는 경우도 있다. 세상 일이 뜻하는 대로 쉽게 안 되기 때문에 한결같음을 강조한다. 초심은 순수하고 무리한 욕심을 담지 않는다. 초심을 지키기 가장 어려운 때는 의아하게도 초반일 것이다. 새롭고 낯선 환경과 미숙한 경험이 걱정과 염려, 불안감을 불러오기 쉽다. 게다가 의지와 열정은 최고조에 달하는 때이다. 쉽게 얻은 것은 쉽게 잃는다.

한국 월드컵 축구의 영웅 히딩크 감독이 한 말이다. "한국 축구의 문제는 후반전이 약한 것인데 전반전에 너무 열심히 뛰는 바람에 후반전에는 뛸 기운이 없다. 그래서 체력 보강 훈련에 집중했다".

욕구가 강렬할수록 서두르고 집착하기 쉽다. 남과 비교하면서 자신을 채찍질한다. 생활을 주도하는 당사자인 본인이 가장 정확한 흐름과 임팩트를 컨트롤해야 한다. 특히 감정 컨트롤은 엄격해야 한다. 감정 기복이 심하면 판단의 오류를 범하는 경우가 많다. 초심은 이성적인 기준이다. 행복은 감성 지수 결과이다. 건조하고 예리한 이성은 따뜻하고 포근한 감성이 뒷받침해야 한다.

편의점 주인은 철저히 냉정함을 잃지 않고 초심을 지키려 했다. 매출이 매우 심각한 상황에도 자기 자신만의 시간을 갖고 지혜롭게 대처했다. 감정과 이성의 적절한 조화를 이루어 냈다. 그래서 20년의 시간을 유지하면서 넉넉한 여유를 잃지 않고 있다. '최소 20년을 할 생각으로 시작한 편의점'이라는 것이 모든 문제의 솔루션 역할을 한 것이다. 장사가 잘될 때나 안 될 때나 시종일관 자기의 중심을 잃지 않았다. 초심(初心)은 발전하고 성숙하면 '중심(中心)'이 된다. 가게 확장도 기꺼이 사양하는 중심의 가치는 종심까지 연결된다. 히딩크 감독이 말하는 뒷심이 바로 이것이다.

2016년 1월 4일 '성심당 60주년 비전선포식'에서 장기근속 표창장을 받은 직원 식당 근무자 박 모 씨는 다음과 같이 말했다.

"빵집이 어려웠을 때도 직원 월급 한 번 밀린 적 없었어요. 힘들 때도 직원들이 버틸만한 끈이 있었던 것 같아요.", "여기는 대표가 맨날 '사랑사랑'해요. 일 잘하기보다는 화목하고 웃고 그런 거를 좋아하고, 늘 사랑을 강조하세요. 근엄한게 없이 늘 이웃집 아저씨 같아요. 보기에도 소탈하고 꾸밈이 없는 분 같죠."[52]

사랑을 이념으로 주변 모든 사람들과 함께하는 성심당은 언제까지 지속될 것 같은가? 사랑의 마력 때문에 끝을 알 수 없다. '시작은 미약했으나 나중은 창대하리라'라는 성경 구절이 생각나는 기업이다. 빵이 아닌 사랑으로 기업을 이끌고 가는 것이다. 앞으로 기업 가치는 재무제표보다 '관계 지표'로 판단될 것이다. 수익성은 한시적이고 변동 가능성이 크지만 관계 지표는 시간이 흐를수록 넓어지고 깊어진다. 진정한 사회적 가치가 중요한 잣대가 된다. 초심보다 더 심오한 가치를 실현하고 있는 성심당이다.

천호식품의 뚝심 회장은 "우리 집은 왜 이렇게 가난해"라고 따져 자신을 울게 한 딸에게 10년을 내다보는 경영자가 된 공을 돌린다. 소주 한 병과 600원짜리 소시지 하나로 허기를 달래며 20여억 원의 빚을 불과 1년 11개월 만에 다 갚은 인간 승리의 주인공이다. 10미터를 더 뛰어 보라는 메시지는 조금만 더 멀리 보고 한 발자국이라도 더 뛰어 보라는 것이다.

행복과 성공의 공통점은 자신만의 끈기다. 한 발자국을 더 뛰는 것부터 더 무리하지 않고 중심을 지켜 가는 장기적인 안목까지 결코 오버페이스를 주문하지는 않는다. 누군가와 비교에서 비롯된 목표는 무리한 욕심을 부릴 수 있다. 하루에 한 걸음이 아닌 여러 걸음을 갈 수도 있다. 그러면 기대치가 올라가기 마련이다. 행복은 그만큼 상대적으로 줄어든다.

성공은 감성적인 행복이 밑거름이다. 성공하지 않아도 행복할 수 있다. 행복은 더 멀리 볼수록 더 많이 누린다. 멀리 볼수록 누군가와 비교가 어려워진다. 오로지 자신의 행복 가치를 누리면 자연스럽게 확장된다. 성공은 한 걸음씩 멀리 보면서 뚜벅뚜벅 가면 된다. 성심당의 사랑과 편의점 주인의 행복으로 관계를 확장하는 성공이 가장 멀리 보는 한 걸음이다.

성공하고 싶다면 오래가는 것을 생각하라

오래된 식당을 찾아다니는 젊은이들이 늘었다. 이들은 '옥동자'라고 불린다. (…) 역사가 긴 식당 중 상호가 '옥'으로 끝나는 경우가 많아 붙여진 이름이다. (…)

평양냉면을 파스타처럼 먹듯, 옥동자들은 전통 음식을 새롭게 즐기는 방식을 개발, 도입하고 있다. 동시에 노포들도 옥동자들이 늘어나자 기존 서비스 방식을 바꾸기도 한다.[53]

한국인이 사랑하는 오래된 한식당 100선을 보면 설렁탕, 곰탕, 추어탕, 냉면, 비빔밥, 국밥 등 전통 음식이 대부분이다. 어찌 보면 당연한 결과이다. 노포라 불리는 오래된 식당처럼 전통 음식은 백화점이나 마트 등 대형 유통 매장에서도 인기다. 남녀노소가 모두 좋아하는 김밥, 떡볶이, 순대 등 간편 메뉴는 없으면 안 되는 상황이다. 이런 전통 한식을 제외하고 오래가는 음식을 살펴보면 한 나라를 대표하는 음식들이다. 초밥이나 자장면, 파스타, 피자, 카레, 쌀국수 등 대중화가 많이 이루어진 것들이다. 앞으로도 꽤 오랫동안 유지될 것이다. 젊은이들의 전통 음식에 대한 선호도가 높아져 가고 있기 때문에 노포 한식당의 미래는 어둡지 않다.

빨리 뜨고 빨리 지는 사이클 짧은 트렌디 푸드에 식상해지기 시작했다. 화려한 비주얼과 자극적인 맛으로 유혹하는 찰나적인 경향이 갈수록 심해지고 있다. 노포들의 공통점은 우직하게 자신의 맛과 레시피를 유지·관리해 왔다는 것이다. 수많은 역경을 극복한 맛이기에 경외감이 들 정도이다. 결국 트렌드를 쫓으면 트렌드에 무너지고 만다. 음식은 고유의 레시피가 생명이다.

최근 3년 동안 계약 종료 가맹점이 없는 한촌설렁탕이 있다. 개인적인 불가피한 사유로 인한 경우나 가게 이전을 목적으로 하는 경우를 제외하고 계약 해지 사례가 없다.

또한 최근 육수를 직접 생산할 수 있는 공장을 설립함으로써 여러 가지 다양한 육가공 제품 생산도 가능해졌다. 1인 가족과 고령화 시대로 인해 시장에서 성장세가 두드러지고 있는 가정 간편식을 적극적으로 개발, 제조하기 위함이다. 기존 가맹점주들에게 희소식이 아닐 수 없다.[54]

생산 시설을 구비한 미래 지향적인 사업 계획은 현 가맹점주들에게 새로운 계기를 제공했다. 단기적인 성과에 집착하지 않고 장기적인 투자를 통해 보다 나은 영업 환경을 조성해 사업의 다각화를 기할 수 있게 된 것이다. 오래된 노포 중에도 일부 자체 가공 식품을 개발해 판매하는 곳이 늘고 있다. 브랜드 인지도 향상 및 고객 니즈 충족에 많은 도움이 될 것이다.

'개그맨'이라는 단어를 만들어낸 원조 개그맨 전유성 씨가 데뷔 50주년을 맞아 요즘 전국을 돌며 순회 기념 공연 중이다. 넘치는 아이디어와 독특한 개성으로 70이라는 나이를 실감하기 어려울 정도이다. 수시로 재미있는 아이디어와 소재를 후배들에게 아낌없이 주는 편이다. 후배들 사랑이 남다르다.[55]

전유성의 특기는 다양하다. 독특한 창의성에서 나오는 작가의 기질과 '개그맨'이라는 단어까지 탄생시킬 정도의 실력자다. 항상 잘하는 것만 하면서 살면 된다고 생각해서 저금도 안 한다. 평생 일하며 살 생각이기 때문에. 사람을 키우는 능력과 그에게 맞는 콘셉팅을 제공하는 능력은 달인 수준이다. 보기에는 어눌하지만 내면은 아주 충만하다. 70의 나이는 숫자에 불과한 사람이다. 웬만한 젊은 사람보다도 더 깨어 있는 삶을 추구한다. 돈에 연연하지 않고 자유로운 영혼을 추구하는 예술가의 삶이라고 할 수 있다.

주위에 가장 오래가는 것을 찾아보면 앞에서 말한 오래된 노포의 음식이나 내구성 강하고 견고한 건축물 등을 볼 수 있다. 역사만큼이나 그 자체로 상당한 가치를 발현하는 것들이다. 그래서 시대를 넘어 젊은 옥동자들의 관심까지 받고 있다. 오래가는 것의 풍미는 향기가 독특하다. 여러 사람과 시간을 거쳐 오면서 숭고한 장인의 피와 땀이 어려 있기 때문일 것이다. 할아버지, 할머니의 고유한 향기와 비슷한 것이다. 한 마디로 사람 냄새이다. 사람의 손길이 맛과 기품을 만들었다.

전유성의 가치는 사람을 키우고 아끼는 향기다. 많이 힘들어하는 사람들에게 등용문을 활짝 열어 주고 조용히 속삭인다. 나는 너의 친구라고.

가장 오래가는 것은 '사람'이다. 상품이나 특허 기술이 아닌 사람이다. 성공하고 싶다면 사람을 생각해야 한다. 최소한 행복은 가져다준다. 오래된 식당도 할머니, 어머니의 정성과 사랑의 결실이다. 사람을 오래가게 하는 것은 신뢰다. 사람과 신뢰를 소중히 여기면 성공한다.

· 참고 도서 ·

1. 한민, 『개저씨 심리학』, 세창미디어, 2018

2. 윤정원, 『끌리는 것들의 비밀』, 라곰, 2018

3. 이상민, 『네빌링』, 서른세개의 계단, 2012

4. 노승욱, 『노기자의 창업 트렌드』, 매경출판, 2016

5. 박찬일, 『노포의 장사법』, 인플루엔셜, 2018

6. 고바야시 세카이 저, 이자영 역, 『당신의 보통에 맞추어 드립니다』, 씨에스엠앤이, 2017

7. 신호진, 강경희, 『디자인 씽킹 for 컨셉노트』, 성안당, 2016

8. 모치즈키 도시타카 저, 은영미 역, 『보물지도』, 나라원, 2019

9. 이랑주, 『살아남은 것들의 비밀』, 샘터, 2014

10. 채널A제작팀 · 허건, 『서민갑부』, 동아일보사, 2017

11. 김영식, 『10미터만 더 뛰어봐!』, 중앙북스, 2008

12. 헨리 데이비드 소로 저, 안진희 역, 『소로우가 되는 시간』, 심플라이프, 2016

13. 폴 액스텔 저, 유혜경 역, 『아이와 대화하고 있나요?』, 니케북스, 2014

14. 이랑주, 『오래가는 것들의 비밀』, 지와인, 2019

15. 바이난트 용건 저, 문경록 역, 『온라인 쇼핑의 종말』, 지식노마드, 2019

16. 김현민, 『우리를 행복하게 하는 축구스타 28인』, 원앤원스타일, 2014

17. 이용균, 『인생, 야구에서 배우다』, 알렙, 2016

18. 데일 카네기 저, 손풍삼 역, 『인생은 행동이다』, 고려원, 1992

19. 이상훈, 『1만 시간의 법칙』, 위즈덤하우스, 2010

20. 김유진, 『장사는 전략이다』, 쌤앤파커스, 2016

21. 권오현, 『초격차』, 쌤앤파커스, 2018

22. 마스다 무네야키,가와시마 요코 대담, 이미경 역, 『츠타야, 그 수수께끼』,
    베가북스, 2018

23. 이동진·최경희·김주은·민세훈, 『퇴사준비생의 런던』, 트래블코드, 2018

24. 밥 버포드 저, 김성웅 역, 『하프타임 1』, 낮은울타리, 2000

왜 저 사람은
나보다 잘 팔까?

1. 임혜민·박은애, "'초밥은 내 영혼이 담긴 음식"… 초밥의 살아있는 역사 95세 장인 '오노 지로", 《인터비즈》, 2019년 5월 13일.

2. '낯선 이'로 띄어 쓰는 게 원칙이나, 안내문의 이름으로 보아 붙여 썼다.

3. 이동진·최경희·김주은·민세훈, 『퇴사준비생의 런던』, 트래블코드, 2018.

4. 김상훈, '일본의 노포식당에서 배운다', 《음식과 사람》, 2018년 7월 401호.

5. 박찬일, 『노포의 장사법』, 인플루엔셜, 2018.

6. 두경아, '뽀빠이 이상용의 씩씩한 인생 2막', 《여성동아》, 2018년 8월 656호, p.273.

7. 김유진, 『장사는 전략이다』, 쌤앤파커스, 2016, p.60.

8. 김유진, 『장사는 전략이다』, 쌤앤파커스, 2016, pp.255~256.

9. 모치즈키 도시타카 저, 은영미 역, 『보물지도』, 나라원, 2019, pp.131~132.

10. 모치즈키 도시타카 저, 은영미 역, 『보물지도』, 나라원, 2019.

11. 김태곤, '빙그레 '바나나맛우유', 70년대 탄생해 대표 우유로… 하루 평균 80만 개 팔려', 《서울Biz》, 2019년 6월 27일.

12. 김영갑, 『성공 창업을 위한 음식점 마케팅』, 교문사, 2015.

13. 신호진·강경희, 『디자인 씽킹 for 컨셉노트』, 성안당, 2016.

14. 신호진·강경희, 『디자인 씽킹 for 컨셉노트』, 성안당, 2016.

15. 신호진·강경희, 『디자인 씽킹 for 컨셉노트』, 성안당, 2016.

16. 신호진·강경희, 『디자인 씽킹 for 컨셉노트』, 성안당, 2016, p.301.

17. 이랑주, 『살아남은 것들의 비밀』, 샘터, 2014.

18. 윤정원, 『끌리는 것들의 비밀』, 라곰, 2018.

19. 이랑주, 『오래가는 것들의 비밀』, 지와인, 2019, pp.84~87.

20. 채널A제작팀·허건, 『서민갑부』, 동아일보사, 2017.

21. 이필재, "'매해 연매출 2배 성장? 넷플릭스보다 뛰어난 '이것' 때문" 박태훈 왓 챠 대표', 《중앙시사매거진》, 2019년 6월 13일.

22. 온라인뉴스부, '체계적 몰입 학습서… 정형권 '10대를 위한 몰입 공부법'', 《아시아투데이》, 2018년 10월 30일.

23. 백종인, '[야구는 구라다] "멈춤, 궁극의 경지'", 《다음스포츠》, 2019년 5월 16일.

24. 채널A제작팀·허건, 『서민갑부』, 동아일보사, 2017.

25. 이랑주, 『살아남은 것들의 비밀』, 샘터, 2014. p.115

26. 안재형, '베일 벗은 블루보틀, 한국이 열광하는 4가지 이유', 《매일경제》, 2019 년 5월 27일.

27. 신호진·강경희, 『디자인 씽킹 for 컨셉노트』, 성안당, 2016.

28. 고바야시 세카이 저, 이자영 역, 『당신의 보통에 맞추어 드립니다』, 씨에스엠앤 이, 2017.

29. 신호진·강경희, 『디자인 씽킹 for 컨셉노트』, 성안당, 2016.

30. 티타임즈, '매장 불타자 추모행사까지 열린 '타코벨의 고객 노하우'', 《TTimes》, 2019년 7월 2일.

31. 채널A제작팀·허건, 『서민갑부』, 동아일보사, 2017.

32. 바이난트 용건 저, 문경록 역, 『온라인 쇼핑의 종말』, 지식노마드, 2019.

왜 저 사람은
나보다 잘 팔까?

손재권, "아마존, 이동식 팝업매장 '보물트럭' 사업 확대…육류,해산물 싣고 도시 돌아다니며 판매",<매일경제>, 2018년 6월 17일.

33. 강현숙, '세차장 카페, 핫 플레이스로 떠올랐다',《동아일보》, 2019년 7월 7일.

34. 이태희·장재웅, '유통기한 지난 음식 파는데 손님은 와글와글? '푸드 리퍼브'의 힘',《인터비즈》, 2019년 6월 21일.

35. 이슬지·임현석, '없어서 못 파는 화제의 이 음식 "반나절이면 전국 매진"',《인터비즈》, 2019년 7월 5일.

36. Koo Minjung and Ayelet Fishbach(2010), 'The Silver Lining of Standing in Line: Queuing Increases Value of Products',《Journal of Marketing Research》47(4), 2010, pp.713~724.

37. 신호진·강경희,『디자인 씽킹 for 컨셉노트』, 성안당, 2016.

38. 채널A제작팀·허건,『서민갑부』, 동아일보사, 2017, p.247.

39. 이상훈,『1만 시간의 법칙』, 위즈덤하우스, 2010.

40. 장은비, '커피찌꺼기 버리지 마세요… 돈 벌어다 주는 효자입니다',《잡스엔》, 2019년 6월 27일.

41. 채널A제작팀·허건,『서민갑부』, 동아일보사, 2017, pp.105~106.

42. 리그파,『네빌링』, 서른세개의계단, 2012, pp.272~273.

43. 김영갑,『성공 창업을 위한 음식점 마케팅』, 교문사, 2015.
유튜브 MarketingFactory의 영상(https://www.youtube.com/watch?v=gOds2QWMsPk).

44. 전영수, '배울 게 많은 일본 '코인 세탁소'의 진화 스토리',《한경비즈니스》1218호, 2019년 4월 1일~2019년 4월 7일.

45. 이선애, '[이선애의 푸드애(愛)] 세계가 반한 커피믹스… 프리마 덕분에 태어나 IMF가 키웠다',《아시아경제》, 2018년 11월 2일.

46. 법정,『살아있는 것은 다 행복하라』, 조화로운삶, 2006.

47. 임근호, '[Biz Insight] '시계는 패션 소품' 역발상이 스와치 살렸다'.《한국경제》, 2016년 3월 18일.

48. 이랑주, 『살아남은 것들의 비밀』, 샘터, 2014, pp.116~117.

49. 조수정, '윤종신, 라디오스타 12년 만에 하차', 《뉴시스》, 2019년 6월 4일.

50. 채널A제작팀·허건, 『서민갑부』, 동아일보사, 2017.

51. 윤정원, 『끌리는 것들의 비밀』, 라곰, 2018, pp.263~264.

52. 김태훈, '대전명물 '성심당' 식당근무자, 눈물 흘리며 한 말', 《위키트리》, 2016년 1월 4일.

53. 김성윤, '오래된 맛집 찾아다니는 젊은이들 "나는 옥동자"', 《조선일보》, 2019년 1월 17일.

54. 김다린, '가맹점 계약종료 '제로' 달성한 한촌 설렁탕의 비밀', 《더스쿠프》, 2019년 7월 9일.

55. 이필재, '개그맨 전유성 "내 분수를 알고 잘하는 일만 했어요"', 미래에셋은퇴연구소 네이버 포스트, 2019년 6월 7일(https://post.naver.com/viewer/postView.nhn?volumeNo=20825956&memberNo=1452312&searchKeyword=%EC%9E%A5%EC%88%98%EC%9D%B4%EC%95%BC%EA%B8%B0&searchRank=270).

왜 저 사람은
나보다 잘 팔까?